Peter Jacobs
Der Ostwitz

Peter Jacobs, Jahrgang 1938, sammelte nach dem Abitur in Leipzig erste Schreiberfahrungen als Lokalreporter in Magdeburg. Nach dem Studium der Journalistik und Germanistik in Leipzig (1957 bis 1961) war er ab 1961 Nachrichtenredakteur bei der *Berliner Zeitung*, ab 1974 Ressortleiter Ausland bei der *Neuen Berliner Illustrierten*. Nach 1990 arbeitete er als Redakteur und freier Journalist für *Extra-Magazin* (Gruner + Jahr), *Wochenpost, Die Welt, Süddeutsche Zeitung, Wirtschaft+Markt* und *ZDF*-Dokumentarfilme. Als Autor von Sachbüchern, Reisebüchern und Biografien hat er mehrfach publiziert, unter anderem beim Verlag Neues Leben, Eulenspiegel Verlag und Aufbau Verlag. Für Bild und Heimat bearbeitete er zuletzt *Emöke Pöstenyi. Das Fernsehballett. Mein Leben mit dem Tanz* (2020).

Peter Jacobs

DER OSTWITZ

Ein deutsches Sittenbild

Bild und Heimat

ISBN 978-3-95958-361-9

1. Auflage
© 2023 by BEBUG mbH / Bild und Heimat, Berlin
Umschlaggestaltung: BEBUG mbH
Umschlagabbildungen: vorn: © Mario Lars; hinten: picture-alliance/
ZB/Horst Sturm
Druck und Bindung: GGP Media GmbH, Pößneck

Ein Verlagsverzeichnis schicken wir Ihnen gern:
BEBUG mbH / Verlag Bild und Heimat
Axel-Springer-Straße 52
10969 Berlin
Tel. 030 / 206 109 – 0

www.bild-und-heimat.de

Inhalt

Für Ossis und Wessis

Cartoon von Mario Lars aus dem Jahr 2017

Der amerikanische Präsident Reagan, der sowjetische Regierungschef Gorbatschow und Honecker durchqueren die Sahara auf einem Jeep und werden von bewaffneten Beduinen verfolgt. Reagan wirft ihnen eine Nachricht zu mit dem Angebot: »Eine Million Dollar, wenn ihr aufgebt.«

Ohne Erfolg.

Gorbatschow als Nächster: »Für jeden von euch einen wüstentauglichen Lada, wenn ihr uns in Ruhe lasst.« Aber die Reiter bleiben dran.

Schließlich Honecker, der letzte Versuch. Sofort zügeln die Wüstensöhne ihre Rennkamele und drehen ab.

»Wie hast du das geschafft?«, fragen die Erfolglosen.

»Mit einer Wegbeschreibung: Wenn ihr so weiter galoppiert, gelangt ihr gleich hinter der nächsten Düne auf das Territorium der souveränen sozialistischen Deutschen Demokratischen Republik.«

DER LUSTFAKTOR –
EINE VORBEMERKUNG

Der Ostwitz – ein Volksvergnügen. Woher er kam, wann und warum, wer ihn erfand, wer daran feilte und wohin er ging: Davon soll in diesem Buch die Rede sein.

Witze zu erzählen in dem Land, das sich DDR nannte, bot in einer beengten Lebenswelt eine leicht und intelligent zu handhabende Form der Verständigung unter Zeitgenossen – nicht nur kritischen, unzufriedenen und oppositionellen, sondern auch solchen, die das System skeptisch mittrugen. Das signalisierte Schicksalsgemeinschaft, von welchem Grad der Betroffenheit auch immer. Und Selbstbehauptung. Indem wir über die Bedrängnisse und die Missstände und die selbsternannten Autoritäten lachten, lachten wir auch über uns selbst.

Ist solches Lachen eine kollektive Lust? Fragen wir Sigmund Freud, den Psychoanalytiker. Das Witzeerzählen beschrieb er als einen Vorgang zum Lustgewinn. So machen wir uns gern frei von Verdrängungen, wenigstens für kurze Zeit, und gehen zurückhaltender um mit Konflikten. Indem wir uns dabei mit Gleichgesinnten solidarisieren, stehen wir zusammen gegen Autoritäten oder gegen Andersdenkende.

Denn Witzeerzähler sind Alltagsphilosophen, keine Weltverbesserer. Das gilt ganz allgemein und für jede Lebenslage. Sie ballen manchmal die Faust in der Tasche, aber sie organisieren keinen Aufruhr. Es gibt – bis auf wenige Ausnahmen – keine Legitimation für damalige Witzver-

»Im Lachen über die Pointen waren wir Komplizinnen.«
Schuhfabrik Goldpunkt in Ostberlin, März 1983

breiter, sich in die Gruppe der politisch hart Verfolgten einzureihen, was mancher Ostbürger gern nachträglich versucht hat. Ansonsten wären Millionen Lästerzungen betroffen gewesen, da hätte die Stasi das halbe Volk, das sich diesen Nischenhumor gönnte, einsammeln müssen.

Der Ostwitz und das Zeitgeschehen, die eher heitere als zynische Auseinandersetzung mit den Widersprüchlichkeiten der Gesellschaft als Bestandteil einer verschwundenen Lebenskultur – davon handelt dieser Rückblick. Von unserem Lustgewinn zur Einsparung von Konflikten. Im Lachen über die Pointen waren wir Komplizen.

GEFÄHRTEN DER POESIE

Witze sammeln und Witze verteilen – wie geht das? Sie tauchen auf wie aus dem Nichts. Plötzlich sind sie da. Wie Tautropfen in der Morgensonne oder wie ätzende Partikel im Brustkorb. Ein atmosphärisches Kondensat, das unseren Geist erfrischt. Oder anspannt, je nachdem. Ironische Gefährten der Poesie. Niemand weiß, wer sie erfunden hat. Keiner fragt, woher sie kommen, wenn sie unsere Bauchmuskeln strapazieren.

Oder manchmal doch?

Mitunter weiß ich noch, wann und wo ich welchen Witz aufschnappte. Was mir davon im Gedächtnis blieb, verwalte ich als abgeschlossenes Sammlungsgebiet in meinem Spruchbeutel. Wie ein Philatelist in einem Album seine Briefmarkenkollektion. Gern teile ich davon noch einmal aus. Mit Dank an ungezählte Zuträger auf Familienfesten, auf Betriebsausflügen, im Großraumbüro, auf Reisen, beim Klassentreffen, am Stammtisch und sonst wo.

Zum Glück haben Witze kein Copyright. Eines Plagiats kann mich niemand beschuldigen.

»Psst!«

In der Redaktion der Zeitung in Berlin, wo ich mein Arbeitsleben begann, erschien zweimal in der Woche der Gerichtsreporter mit einem neuen Manuskript. Er zeichnete mit »Cobra«, sein richtiger Name war Joachim Dietrich. Ich erinnere gern an ihn, weil er witzig mit den menschlichen Schwächen umging, die sich beim Streit vor Gericht offenbaren. Mitunter überschritt er dabei die Grenzen zur Satire, weshalb er vom Richter für die nächste Verhandlung ausgesperrt wurde. Mir aber gefiel das.

Wenn Cobra die Bürotür öffnete, legte er den Zeigefinger an die Lippen und grüßte mit »Psst!« Dem folgte ein aktueller Witz.

Dieser zum Beispiel:

> *Eine Stecknadel und eine Nähnadel gehen auf der Karl-Marx-Allee spazieren. Die Stecknadel erzählt einen politischen Witz. »Psst«, sagt die Nähnadel, »hinter uns geht eine Sicherheitsnadel.«*

Dann erst packte Cobra das Manuskript auf den Tisch und forderte die Bescheinigung für sein Honorar ein, um sogleich das Geld bei der Betriebskasse abzuholen und unverzüglich in einer Kneipe um die Ecke namens *Niquet-Klause* zu verwerten. Und um neues Witzmaterial zu sammeln.

Theas Seufzer

Ich wohnte zur Untermiete in Pankow: Altbau, zwölf Mietparteien, kaum Kriegsschäden. Meine Wirtin drückte sich gern sarkastisch aus. Die Hinterhofwohnung ihrer Kaffeefreundin in Prenzlauer Berg, mit Toilette auf halber Treppe, nannte sie ein Loch. Sie selbst suche auch eins. Aber woanders. Ob ich nicht auf der Anzeigenseite der Zeitung, bei der ich beschäftigt sei, ein Tauschangebot unterbringen könne:

> *Biete Zwölf-Zimmer-Villa in Pankow, suche Loch in der Mauer.*

Ein Seufzer. Thea E. gehörte dem Scheuerlappengeschwader an. So nannte man in Berlin diejenigen Frauen aus dem Osten, die im Westen putzen gingen, solange ihnen der Weg über die Grenze offenstand. Wenn sie abends mit der S-Bahn zurückkehrten, hatten sie den halben Lohn als Westgeld in der Schürzentasche, den anderen Teil in Ostmark, die der Arbeitgeber in einer Wechselstube zum Kurs von eins zu fünf ertauscht hatte. Ein dreiseitig gutes Geschäft.

Damit war nun Schluss. Es war die Zeit, da quer durch Berlin die Mauer hochgezogen wurde, das Jahr 61. Westwärts nahm die S-Bahn Thea nicht mehr mit. Die Ausgesperrte machte ihrem Frust ironisch Luft. Ihr Gedankenspiel gab ich an Cobra weiter, und der nahm es mit in die *Niquet-Klause*. Wochen später hörte ich dasselbe im Sportverein und erlaubte mir den Griff ans Kinn, womit unsereiner damals zu verstehen gab, dass diesem Witz schon ein Bart gewachsen sei.

Heute räume ich ein: Das war ungerecht.

*»Suche Loch
in der Mauer.«
Selbsthilfe in Berlin,
Dezember 1989*

Theas Bonmot war unter die Leute geraten. Ein kleiner Scherz mit großer Karriere.

Es war das erste Mal, dass ich mir einen Witz bewusst merkte. Und ihn gern weiterverbreitete. Denn in der gespaltenen Stadt gedieh der politische Witz zu einem begehrten Unterhaltungsgut, mit dem unsereiner auf jeder Party – damals Fete genannt – brillieren konnte.

Beengtes Volk macht gern Gebrauch von befreiendem Witz. Verschafft sich Momente, die wohltuend in solche Gehirnregionen einfahren, in denen der Frust sitzt, der Ärger, die Ratlosigkeit oder auch das Triumphbedürfnis gegenüber der Alltagswelt.

Guter Rat

Nicht alle Redakteure lachten bei Cobra so unbedarft wie wir Anfänger. Besonders die älteren Genossen nicht, eher ein bisschen in sich hinein. Oder sagen wir besser: Sie lächelten. Das hing mit Lebenserfahrung zusammen. Einer von ihnen, Bernhard G., ein gutmütiger Heimkehrer aus französischer Emigration, gab mir Anleitung für den Umgang mit solchem Stoffgebiet in schwieriger Gesellschaft. Und das ging so:

Fragt ein jüngerer Genosse einen gereiften älteren:
»Was hältst du von der politischen Lage?«
Antwort: »Da teile ich vollkommen die Einschätzung, die der Staatsratsvorsitzende Walter Ulbricht auf dem letzten Parteitag vorgenommen hat.«
»Und von der Wirtschaftslage?«
»Da teile ich vollkommen die Bewertung, die der Wirtschaftslenker Heinrich Rau auf dem Parteitag getroffen hat.«
»Und was meinst du zur aktuellen kulturellen Situation?«

»Da teile ich vollkommen die Belehrungen, die Ideologiechef Kurt Hager auf dem Parteitag erteilt hat.«

»Sag mal, hast du denn keine eigene Meinung mehr?«

»Doch. Aber die teile ich nicht.«

MAUERZEIT

Was ist Glück? – Dass wir in der DDR leben.
Was ist Pech? – Dass wir so viel Glück haben.

Lieber Gott, mach mich blind

Witze über die Mauer erschienen anfangs, solange der erste Schock noch nicht verarbeitet war, in eher harmloser Gestalt.
Zum Beispiel dieser:

Zwei Grenzer patrouillieren auf der Betonkrone. Fragt der Hintermann:
»Was machste, wenn ich dich jetzt in'n Hintern trete?«
»Dann schicke ich dir jede Woche ein Westpaket.«
Oder dieser:
Treffen sich zwei Maulwürfe an der Mauer. »Was tun?«, fragt der eine.
»Loslegen«, sagt der andere. »So wie wir heute arbeiten, werden wir morgen leben.«
Die Frage bezog sich auf den Titel einer Kampfschrift von Lenin, die Antwort spielte mit einem Propagandaspruch aus der frühen DDR-Zeit.
Bald jedoch formulierten ehemalige Pendler, wie meine Wirtin eine war, das Stoßgebet des Grenzgängers:
Lieber Gott, mach mich blind,
dass ich nicht zur Mauer find'.
Lieber Gott, mach mich taub,
dass ich nicht dem RIAS glaub'.
Lieber Gott, mach mich stumm,
dass ich nicht nach Bautzen kumm'.
Der RIAS (Rundfunk im Amerikanischen Sektor) galt als

»Jede Woche ein Westpaket«.
Mauerbau in Berlin, August 1961

die lautstärkste Stimme aus Westberlin im Kalten Krieg,
Bautzen als ein Gefängnis für gescheiterte Fluchtver-
suche. Schließlich wurde es makaber:

> *Liegt ein Toter auf dem Grenzstreifen, die Füße im*
> *Osten, der Kopf im Westen. Wo gehört er hin? – Auf*
> *den Friedhof!*

Ausreiseträume

Die Mauer versperrte nicht den Blick auf die andere Seite.
Solange das trennende Bauwerk stand, gedieh grenz-
überschreitendes Gedankengut.

> *Wussten Sie schon, dass die Grenze am letzten*
> *Junitag für vierundzwanzig Stunden geöffnet wird?*
> *Da hat Walter Ulbricht Geburtstag. Er möchte mit*
> *seiner Frau gern auch mal alleine zu feiern.*

In den Achtzigerjahren genehmigten die Behörden immer häufiger Anträge für Familienbesuche im Westen. Rentnerinnen mit sechzig und Rentner mit fünfundsechzig durften mitunter sogar ohne überprüfbare Begründung reisen. Wer wegblieb, entlastete die Rentenkasse.

Geographieunterricht. Der Lehrer fragt seine Schüler: »Welcher ist der breiteste Fluss der Welt?«
»Die Elbe«, *antwortet einer.*
»Wie kommst du denn darauf?«
»Mein Vater sagt, er braucht fünfundsechzig Jahre, um an das andere Ufer zu gelangen.«

Für die 750-Jahrfeier von Berlin soll die Mauer neu verputzt werden. Hundert Bauarbeiter werden gesucht. Genommen wird schließlich nur einer. Alle anderen stellten eine unerfüllbare Bedingung: nur Außenputz.

Ein Veteran des Klassenkampfes kehrt zurück von seiner Westreise. Befragt, was er erlebt habe, bedient er sich einer Formulierung Lenins: »Verfaulenden Kapitalismus. Aber es ist ein schöner Tod.«

Im September 89, als Tausende von DDR-Flüchtigen die Botschaften der Bundesrepublik in Prag und Budapest belagerten, kursierte die Grußformel:
Hallo, wie geht's? – Am besten über Ungarn.

Ausflügler

Die Fantasie des Ostwitzes spazierte gern auf die Westseite und nahm auch mal den Staatsratsvorsitzenden und den Stasichef mit:

»Am besten über Ungarn!«
Junge DDR-Flüchtlinge unterwegs zum Aufnahmelager Zánka
am Plattensee, September 1989

Honecker will sich ein eigenes Bild vom Westen machen und verkleidet sich als Rentnerin. Kaum hat er den Kontrollpunkt Friedrichstraße passiert und in der S-Bahn Platz gefunden, platziert sich eine etwas rüpelige ältere Dame ihm gegenüber und sieht ihn misstrauisch an. Das Gesicht kommt ihm irgendwie bekannt vor. Mit verstellter Stimme fragt Honecker: »Kennen wir uns nicht irgendwoher?«
»Ich bin die Oma Mielke«, krächzt es zurück. »Ich passe auf, dass du zurückkommst.«
Als Erich Honecker im Jahr 87 auf Einladung von Bundeskanzler Helmut Kohl in Bonn weilte, spekulierte der Ostwitz über eine Gegeneinladung:

Honecker will Urlaub machen, aber er weiß keinen geeigneten Vertreter, der seine aktuellen Probleme kompetent bearbeiten kann: die Versorgungslage, den Wohnungsmangel und die Neigung mancher Genossen, sonntags immer noch heimlich in die Kirche zu gehen. Könne nicht der Bundeskanzler mal als Aushilfskraft einspringen? Kohl nimmt an und regiert zwei Wochen lang im Staatsratsgebäude am Marx-Engels-Platz. Als Honecker in sein Amt zurückkehrt, meldet der Urlaubsvertreter vollen Erfolg. »Ostgrenze geschlossen, keine polnischen Hamsterer mehr in den Centrum-Warenhäusern: Versorgungsproblem gelöst. Westgrenze geöffnet: Wohnungsproblem gelöst.«

»Und was ist mit den Kirchgängern?«

»Ich ließ an den Portalen dein Bild anbringen und niemand wollte mehr hinein.«

»Kannst du mich im Urlaub vertreten?«
Erich Honecker bei Helmut Kohl in Bonn, 1987

Während im Ausland noch gerätselt wurde, ob der Bonn-Besuch Honeckers eine deutsch-deutsche Annäherung begünstigt habe, sahen die Auguren im Osten schon wieder schwarz:

Silvesterfeier 88 in Wandlitz mit internationaler Beteiligung. Aus Moskau angereist ist Michail Gorbatschow, aus London Margaret Thatcher und aus Bonn Helmut Kohl. Sie sind verabredet zum Pfänderspiel mit Erich Honecker. Die Vorgabe lautet: Jeder weist an einem entblößten Körperteil nationale Symbolik aus.

Gorbatschow beginnt. Er reißt das Hemd auf, präsentiert seine behaarte Brust und erklärt: »Das ist der russische Bär.«

Thatcher legt nach. Sie knöpft die Bluse auf: »Hier seht ihr zwei schöne britische Pfund.«

Kohl steht auf, wendet sich um und lässt die Hose fallen: »Hier seht ihr das gespaltene Deutschland.«

Honecker zieht ebenfalls blank, aber ohne sich umzuwenden: »Und das da ist die Grenzschranke. Die bleibt auch 89 unten.«

VERSORGUNGSLAGE

*Was macht ein Bürger aus der DDR in der
Wüste, wenn er auf eine Schlange trifft?
Er stellt sich an.*

Margarine und Malzkaffee

In karger Nachkriegszeit, als es Margarine, Mohrrüben
und Malzkaffee nur auf Lebensmittelkarten gab, domi-
nierten die Sehnsüchte nach Essen und Trinken. Für die
rationierte Versorgung waren die Kleinhändler und der
Konsum zuständig. Im Jahr 49 kam die HO hinzu, die staat-
liche Handelsorganisation. Dort gab es für teures Geld
zum ersten Mal richtigen Kaffee. Das Fünfzig-Gramm-
Brötchen aus Weizenmehl, beim einfachen Bäcker nicht
zu haben, kostete fünfzig Pfennig, zu damaliger Zeit fast
ein Stundenlohn. Nur wenige Leute konnten sich das leis-
ten. Klar doch, dass sich schnell eine angemessene Interpretation für das Kürzel HO fand: *Hungernde Ostzone.*

Schieberhymne

Es darf angenommen werden, dass die besten Versor-
gungswitze von jenen Mitbürgern formuliert wurden,
die schlau genug waren, sich auf eigenen Wegen etwas
mehr als das Rationierte zu beschaffen. In den Nischen
der Innenstädte blühte der Schwarzhandel, begleitet von
einem Gassenhauer nach einer Country-Melodie:
*Tschi hatschi hatschou
Käse gibt's in der HO,
Fische gibt es an der Grenze,
Und der Konsum verkauft die Schwänze.*

Die Schieberhymne hörte ich zum ersten Mal auf dem Schulhof in Leipzig. Von einem Jungen gleichen Alters, zwölf. Nachmittags trug er ein aufregend schickes Hemd, das ich eher für ein Stück farbige Unterwäsche hielt. Das nannte er Nicki, heute würde man T-Shirt dazu sagen. Mitgebracht hatte es sein Vater von einer Einkaufstour zum Westberliner Billigmarkt Gesundbrunnen an der ersten Ringbahnstation gleich hinter der Schönhauser Allee – im Ostberliner Jargon *HO Gesundbrunnen* genannt. Alles, was aus dem Westen kam, erhielt bei Familien wie seiner das Qualitätssiegel *Echt West*. Das stand gleichrangig mit *Made in Germany*.

In der Schule durfte mein sangesfreudiger Freund die bunt bedruckte West-Textilie nicht tragen, sie fand im ideologischen Erziehungskonzept des Ostens keinen Platz. Für uns Mitschüler, die wir das blaue Pionierhalstuch trugen, hielt er ein kleines, klandestines Spottlied parat:

> *Ich kaufe mir ein Nickihemd mit Palmen*
> *Und binde mir ein buntes Halstuch um.*
> *Dann lauf ich, bis die Ringelsöckchen qualmen,*
> *Als Texascowboy in der Stadt herum.*

Die weiteren Textzeilen sind mir entfallen. In Erinnerung behalten habe ich dagegen die von seinem Vater aufgeschnappten Klageverse weniger beglückter Ostberliner:

> *Im Konsum keen Bekannter,*
> *Im HO keen Verwandter,*
> *Aus'm Westen keen Paket,*
> *Nu weeßte, wie't mir jeht.*

Schuldfrage

Fünfzigerjahre, Ferienlager. Auch dort zeitgemäße Folklore. »*Deutschland, Deutschland ohne alles, ohne nichts*«, sangen wir Kinder heimlich nach Joseph Haydns bekannter Melodie, wenn kein Betreuer in der Nähe war, während wir an der Essensausgabe nach Milchreis oder Erbspüree anstanden. Und weiter: *»Ohne Eier, ohne Schinken, ohne Wurst und ohne Speck. Und das bisschen Marmelade fressen die Russen auch noch weg.«*

Da wirkte die Russophobie aus solchen Elternhäusern nach, die den 8. Mai 45 nicht als Tag der Befreiung im Wortschatz führten – wie in der offiziellen Sprachregelung im Osten und wie später auch vom Bundespräsidenten Weizsäcker formuliert –, sondern die das als Tag des Zusammenbruchs in Erinnerung hatten: der verlorene Krieg, der eingelernte Antikommunismus, aufgeladen mit dem Frust der kargen Nachkriegszeit.

Wir Kinder wollten einfach nur satt werden. Durch die Erwachsenenwelt waberten dagegen Erinnerungen an Lebensmittel der delikateren Art. Wer nicht auf Westpakete zählen konnte, weil ihm versorgende Verwandtschaft fehlte, der musste darben. Von der Propaganda wurden Versorgungsmängel gern der Boykottpolitik des Westens angelastet.

Eine Kundin fragt im Konsum nach Salami.

»Gibt's hier nicht.«

»Dann Schlagsahne.«

»Gibt's auch nicht.«

»Und Bananen?«

»Nie gehabt.«

»Und wer ist schuld daran?«

»Na, Sie wissen doch: der Adenauer mit seiner Boykottpolitik.«

»Der Adenauer? Na, wenn ich den erwische, dem reiße ich aber den Spitzbart ab!«

Nicht das glattrasierte Gesicht des Bundeskanzlers Konrad Adenauer steht dieser Kundin vor Augen, sondern das kinnbärtige des Staatsratsvorsitzenden Walter Ulbricht. Unterschwellig ordnet der Witz sie ein als politisch unkundige Bürgerin eines gemeinsamen Deutschlands. Das Wort von der Rettung der Einheit, ausgegeben am Gründungstag der DDR, saß noch fest in den Köpfen. Lange noch hörte man auch aus Ulbrichts Mund die Losung *Deutsche an einen Tisch!*

Jedoch: Den meisten Menschen im Osten lag eine drängende Frage näher: Was kommt auf den Küchentisch?

»Ham wa nich«

Nicht weniger ironisch: das Klageregister für den Mangel an Waren des praktischen Bedarfs. Der Spott reichte von der Toilette bis ins Jenseits.

Fragt einer nach Klopapier.
»Ham wir nich. Komm' Se morgen noch mal.«
»Solange kann ich aber nicht warten.«

Ein Berliner Laubenpieper in einer Eisenwarenhandlung: »Ham Se Schrauben?«
»Nee.«
»Ham Se Schraubenzieher?«
»Nee.«
»Wat ham Se denn überhaupt?«
»Durchgehend geöffnet.«
»Und warum machen Se nich zu?«
»Weil wa och keen Schloss ham.«

Ein Sünder fährt zur Hölle. Am Tor wartet der Teufel und will wissen: »In welche Abteilung möchtest du? Die sozialistische oder die kapitalistische?«
»Kommt darauf an, was ich zu erwarten habe.«

»In der kapitalistischen Hölle wirst du geteert und gefedert, in siedendes Öl getaucht und auf ein Nagelbrett über glühenden Kohlen geworfen.«

»Und in der sozialistischen?«

»Wirst du geteert und gefedert, in siedendes Öl getaucht und auf ein Nagelbrett über glühenden Kohlen geworfen.«

»Wo ist da der Unterschied?«

»Eher zu empfehlen ist die sozialistische Hölle. Mal haben sie keinen Teer, mal keine Federn, mal kein Öl, mal keine Nägel, mal keine Kohlen ...«

»Was macht ein Bürger aus der DDR in der Wüste, wenn er auf eine Schlange trifft? – Er stellt sich an.« Ostberlin, Sommer 1983

Kapitalistischer Brotaufstrich

Anfang der Sechzigerjahre ächzte die Landwirtschaft unter der Landflucht. Hunderte, vielleicht Tausende Bauernfamilien, die sich nicht in die Landwirtschaftlichen Produktionsgenossenschaften einbinden lassen wollten, waren in den Westen verschwunden, bevor die Grenze abgeriegelt wurde. Das Dorf lieferte nicht mehr genug Lebensmittel in die Städte.

Bürgerfrage an das Gesundheitsministerium: »*Welche Gemüsesorten empfehlen Sie für eine gesunde Lebensweise?*« – »*Im vergangenen Jahr war es Porree, in diesem Jahr ist es Rotkohl. Für das nächste Jahr sind die Forschungen noch im Gange. Aber von Spargel raten wir schon mal dringend ab.*«

Als Mitte der Sechzigerjahre die Milch knapp war, rationierte das Ministerium für Handel und Versorgung den Butterverkauf. Der Volkswitz warf einen Blick in die Zukunft:

Schulbeginn zehn Jahre später. Ein Erstklässler bringt die Fibel seines älteren Bruders mit in den Unterricht. Die Lehrerin lobt den sparsamen Umgang der Familie mit Schulmaterial. An einer Stelle kommt das Wort Butter vor, den Kindern unbekannt. Wie soll sie das erklären? Sie nimmt das neue Brockhaus-Lexikon zu Hilfe und liest vor: »*Butter, kapitalistischer Brotaufstrich. Wurde vom Staatsrat der DDR im Jahr 63 mit einstimmiger Billigung der Bevölkerung abgeschafft.*«

Cholesterin im Überfluss

Einmal aber, Anfang der Siebziger, zeigte sich ein gegenteiliges Problem: Es gab Eier im Überfluss. Legten die Hühner plötzlich intensiver? Oder war ein Exportgeschäft geplatzt? Egal, das kostbare Nahrungsgut musste verbraucht werden. Also wurde der Binnenmarkt damit vollgepackt. Wir Journalisten waren angehalten, kräftig für den Eierkonsum zu werben. Der Chefreporter unserer Zeitung ließ sich von einem zuständigen Minister einreden, wie gesund es sei, zu jedem Frühstück ein Ei mehr in die Pfanne zu hauen. Als die Kolumne erschienen war, schlug die Ärzteschaft die Hände über den Köpfen zusammen: Cholesterin! Die Satirezeitschrift *Eulenspiegel* empfahl, den Autor Dr. G. zum Eierkurfürsten zu ernennen. Als die Eierschwemme abflaute und wieder Mangel drohte, setzte der volkseigene Handel auf Differenzierung. Die Eier wurden fortan nach Größe sortiert und verkauft – A, B und C. Das A galt für die größten, das C für die kleinsten Eier. Mit Folgen für das Federvieh:

> *In der LPG Frohe Zukunft halten die Hühner Produktionsversammlung ab. Die Brigadeführerin entscheidet: »Wir legen nur noch A-Eier.«*
>
> *Alle Anwesenden spenden Beifall durch Flügelschlag. Ganz hinten hocken zwei Zwerghühner auf der Stange.*
>
> *»Uns fragt wieder mal keiner«, befindet das eine.*
>
> *»Es ist wie immer«, stöhnt das andere. »Die Großen beschließen und wir Kleinen können uns den Arsch aufreißen.«*

Ei-nig Vaterland

Eine Ewigkeit später, im zweiten Jahr der deutschen Einheit, sollte es geschehen, dass solch ein unschuldiges Stallprodukt von unbekannter Größe politische Karriere machte. In Halle an der Saale, als Helmut Kohl dort ein Bad in der Menge nahm, lauerte ihm ein Eierwerfer auf. Mit einem Zehnerpack aus dem Supermarkt. Eines seiner Wurfgeschosse traf. Die Bilder des bekleckerten Kanzlers, wie er zum Gegenangriff überging, belebten tagelang die deutsche Presselandschaft. Die Zeitung *Freitag* nutzte das Foto für ironische Eigenwerbung: *»Aufeinander*

*zugehen«. Die Neue Berliner Illustrierte titelte: »Deutsch-
land – Ei-nig Vaterland«.
Aber das gehört schon nicht mehr in die Kategorie Ostwitz. Ein Nachläufer.
Ei-gentlich.*

Namenstausch

Bezogen auf die Versorgungsmängel kursierte in den
Fünfzigerjahren ein Wortspiel mit dem Parteinamen SED:

> *Wusstest du schon, dass die HO umbenannt werden
> soll? In SED. Selten Etwas Da.*

In den Sechzigerjahren fand sich eine neue Interpretation.
Exquisite Ostprodukte, die in aller Regel für den Export
reserviert waren, gelangten in kleineren Tranchen auch in
die neuen Spezialgeschäfte Exquisit und Delikat. Erstere
waren spezialisiert auf rare Gebrauchsgegenstände und

*»Straßen der SED: Shop, Exquisit, Delikat«.
Exquisit-Laden an der Straße Unter den Linden in Berlin, 1978*

Textilien, letztere auf rare Lebensmittel. Die Preisgestaltung erfolgte adäquat, also exquisit und delikat. Dazu gesellte sich der Intershop, wo man nur mit Westmark, Dollar oder anderer harter Währung einkaufen konnte, im allgemeinen Sprachgebrauch einfach Shop genannt. Der Ostwitz fragte nun:

> *Wusstest du schon, dass die Magistralen der Bezirks-hauptstädte umbenannt werden sollen? In Straßen der SED: Shop, Exquisit, Delikat.*

Bruder des Blauen Würgers

Nicht jeder Versorgungswitz hatte seine Berechtigung. Produkte aus der heimischen Spirituosenbranche erfuhren ganz allgemein nicht den Respekt, den sie verdienten. Allenfalls Nordhäuser Korn, der heute noch in unzähligen Varianten von den Regalen der Supermärkte den Stammkunden entgegen lächelt. Als Schreckgespenst galt ein Wodka namens Blauer Würger aus der Altenburger Likörfabrik. Der kratzte ein wenig im Hals. Die Bezeichnung war zwar nur ein Werbetrick, zugeordnet wurde sie aber auch anderen hochprozentigen Sorten wie dem Adlershofer Wodka.

Ich hatte Gelegenheit, mir dazu eine eigene Meinung zu bilden. Das war Mitte der Sechziger, ich fuhr für ein halbes Jahr als Reporter auf dem Frachtschiff *MS Berlin*. Auf einem Bordfest in der Einsamkeit des Indischen Ozeans, Silvester war nicht mehr weit, fing ich bei den Matrosen folgendes Seemannsgarn ein:

> *In einem Seemannsklub am Silvestertag irgendwo in der Welt hocken drei traurige Seeleute beisammen, einer mit Heimathafen San Francisco, ein zweiter aus Le Havre, der dritte aus Rostock. Das Gesprächsthema: Welches Mitternachtshappening*

erlebte jetzt jeder von ihnen, wenn sein Schiff im Heimathafen läge?

Der Amerikaner: »Wir fahren mit unseren Ford Mustangs in die Wüste nach Las Vegas, reihen uns nebeneinander auf, kurbeln die Seitenfenster herunter, und jeder hält dem Nachbarn eine Pistole an die Schläfe. Punkt Mitternacht drücken wir ab.«

»Na und? Was ist dabei das Happening?«

»Eine von den Pistolen ist geladen.«

Der Franzose: »Wir nehmen den Schnellzug nach Paris, beziehen ein Etablissement am Place Pigalle, pokern um die Mädchen und ziehen uns Punkt Mitternacht in die Séparées zurück. Jeder mit seinem Gewinn.

»Und was ist dabei das Happening?«

»Eine von ihnen ist Kannibalin.«

Schließlich der Matrose aus Rostock: »Wir treffen uns im Betriebskulturhaus Marienehe, jeder bekommt eine Flasche Wodka auf dem Tisch, ohne Etikett und gratis. Punkt Mitternacht trinken wir auf ex.«

»Und was ist dabei das Happening?«

»In einer der Flaschen ist Adlershofer.«

Reine Natur

Ein Jahrzehnt später, wieder auf Tour, hörte ich eine Geschichte, die für das Gegenteil steht. Das war in der Ukraine, wo die Erdgasleitung Druschba gelegt wurde, in der damals noch friedlichen Ukraine. Auf dem Baustützpunkt Aleksandrowka, in einer Baracke, wo die Versorgungsgüter für die Trassenbauer aus der DDR lagerten. Der Adlershofer gehe gut weg, berichtete der Kalfaktor und führte ein Beispiel an: »Eines Tages fuhr hier ein Opel Kadett vor. Kennzeichen DO, also Dortmund. Der Fahrer arbeitete für eine finnische Firma, die in der Nähe eine Verdichterstation montierte. Für die Heimreise bunkerte er eine Partie Adlershofer. Ein Kunde aus einem Land, in dem er zwischen tausend anderen Sorten harter Getränke wählen konnte, kaufte sich einen DDR-Schnaps – wie das? Er klopfte mit dem Fingerknöchel gegen den Karton und sagte: ›In meiner Studentenzeit habe ich drei Monate bei Dujardin gejobbt. Ich kenne mich aus in der Branche. Das hier ist die reine Natur.‹«

Der Kalfaktor sah mich zweifeln und bot mir von dem Vierzigprozentigen eine Probe an. Bei diesem Happening drehte sich meine Meinung über Adlershofer Wodka um hundertachtzig Grad. Auf die Frage, ob er mit dem Kunden aus dem Herrschaftsbereich des Klassenfeindes ebenso angestoßen habe, antwortete der Hüter der Trassenschnäpse: »Das nicht. Dann hätten wir ja die gleiche Fahne gehabt.«

ARBEITSWELT

Ansage im Regionalverkehr: »Allen Passagieren, die in den Urlaub fahren, wünschen wir gute Fahrt. Allen, die zur Arbeit fahren, gute Erholung.

Robinsonmethode

Kein Themenfeld, außer vielleicht das der Versorgungsmängel, brachte so viel spontanes Witzmaterial hervor wie die Arbeitswelt.

Warum gibt es auf den Zugangswegen der Kombinatsbetriebe einen weißen Mittelstreifen? – Damit diejenigen, die zu spät zur Arbeit kommen, nicht mit denjenigen zusammenstoßen, die zu früh gehen.

Montagsgebet: Lieber rückwärts in die Kneipe als vorwärts in den sozialistischen Wettbewerb.

Das Arbeitsverhalten in der DDR nennt sich Robinsonmethode: Alle warten auf Freitag.

Datschenbesitzer können Einsteins Relativitätstheorie bestätigen. Um vier haben sie Feierabend, um drei sind sie schon im Garten.

Mitunter ist dabei regionaler Bezug im Spiel. Ein Spruch aus Dresden, als am Elbufer mit japanischer Hilfe das *Hotel Bellevue* errichtet wurde, ging so:

Warum legen die japanischen Bauarbeiter die Handflächen aneinander und verbeugen sich, wenn sie morgens deutschen Kollegen begegnen? – Weil sie sagen wollen: »Bitte entschuldigt, dass wir nicht an eurem Bummelstreik teilnehmen.«

Aus Brandenburg vernahm man:

In einer Textilfabrik, wo hauptsächlich Frauen beschäftigt sind, wird ein Säugling gefunden. Die Gütekontrolle ergibt: »Endlich mal ein Produkt, das Hand und Fuß hat.« Die Forschungsabteilung soll herausfinden, ob daran ein männlicher Mitarbeiter beteiligt gewesen ist. Das halten sie für ausgeschlossen: »Hier hat noch keiner etwas mit Lust und Liebe gemacht. Und es ist auch noch nie vorgekommen, dass etwas in neun Monaten fertig war.«

Schließlich ein Vergleich von internationalen Großbaustellen:

Die Staatslenker der Sowjetunion, der USA und der DDR wetten, in welchem ihrer Länder am schnellsten gebaut wird. Gorbatschow behauptet: »In Sibirien. An der Angara sah ich, wie Felsbrocken in den reißenden Fluss geworfen wurden und habe gefragt: ›Komsomolzen, was macht ihr hier?‹ ›Michail Sergejewitsch‹, sagten sie, ›wir bauen einen Staudamm.‹ War ich nach einem Jahr wieder da, liefen schon die ersten Turbinen.«

Reagan bietet mehr: »Ich war in Manhattan, dort wurde eine Baugrube ausgehoben. Ich fragte: ›Boys, was macht ihr hier?‹ ›Mister Präsident, wir bauen einen Wolkenkratzer.‹ War ich eine Woche später wieder da, leuchteten schon ganz oben die Bürofenster.«

Honecker aber triumphiert: »Ich war auf der Großbaustelle Marzahn, dort hielten sich zwei Teilnehmer des FDJ-Aufgebots an einer Schippe fest. Ich fragte: ›Jugendfreunde, was macht ihr hier?‹ ›Genosse Staatsratsvorsitzender, wir bauen hier eine Brauerei.‹ War ich nach einer Stunde wieder da, war'n sie schon besoffen.«

»Bei uns hat noch nie ein Mann etwas mit Hand und Fuß ge-macht.« Kunstseidenwerk Premnitz, 1959

Vier Quellen

Grob gesehen, lassen sich vier Gruppen identifizieren, denen die Urheberschaft solcher Witze zuzuschreiben ist.

Zum Ersten diejenigen, deren Missmut aus traditioneller Arbeitsehre gespeist wurde, solche Zeitgenossen, denen Verantwortungsbewusstsein, Pflichtgefühl und Sozialdenken in den Widrigkeiten des Alltags nicht abhandengekommen waren. Der Ehrliche wollte nicht der Dumme sein. Zum Zweiten diejenigen, die den Plack und den Ärger mit der Materialbeschaffung, der Arbeitsbummelei, der Misswirtschaft und den unerfüllten Plänen zuallererst auszutragen hatten – im allgemeinen Sprachgebrauch sozialistische Leiter genannt. Zum Dritten die Verbraucher, die das Resultat in voller Wucht hinnehmen mussten, das eingeschränkte Warenangebot, die Qualitätsmängel, die Wartezeiten. Zum Vierten die Inkompetenten und die Faulpelze selbst, solche, die immer gern auf andere zeigten, wenn sich die Schuldfrage stellte. Aber diesen Typus gibt es ja unter anderen Himmelsstrichen auch.

Der sozialistische Wettbewerb und eine Mixtur aus sozialistischem Bewusstsein und persönlichem Interesse sollten es richten. Das Wort Konkurrenz fiel in der Planwirtschaft nicht.

Ein großes Erziehungswerk, genannt Produktionspropaganda, setzte vor allem auf Verantwortungsgefühl für das Volkseigentum – ein Begriff, der dem einfachen Werktätigen viel zu abstrakt und unübersichtlich daherkam. Die Figur des Controllers gab es nicht. Sozialen Druck kaum. Kündigungen waren fast nicht möglich, da legte die Gewerkschaft schnell ihr Veto ein. Krankmachen, Sonderurlaub, Materialmangel, Schlechtwetter – für Drückeberger öffnete sich viel Handlungsspielraum im sozialistischen Wirtschaftssystem.

Mancher Datschenbauer, der sich am Arbeitsplatz mit Wasserrohr, Fliesen und Dachpappe versorgte – Material, das ihm der Baustoffhandel gerade mal nicht lieferte –, schützte sich vor schlechtem Gewissen mit der Begründung: »Volk bin auch ich.« Und lieferte einen Hinweis für Nachahmer: *Aus unseren Betrieben ist noch viel mehr rauszuholen.*

Dreißig Jahre bergauf

Die egoistischen Verhaltensweisen paarten sich mit den Ungereimtheiten der sozialistischen Leitungstätigkeit. Das Ergebnis fasste der Spott so zusammen:

Was ist sozialistischer Wettbewerb? – So was Ähnliches wie kapitalistischer Konkurrenzkampf, aber ohne Kapitalismus, ohne Konkurrenz und ohne Kampf.

Was ist sozialistische Arbeitsdisziplin? – Jeder macht, was er will. Keiner macht, was er soll. Alle machen mit.

Wo wir sind, klappt nichts, aber wir können nicht überall sein.

Was hat Kaderpolitik gemeinsam mit einer Champignonzucht? – Immer, wenn sich ein heller Kopf zeigt: abschneiden!

Beschwert sich ein Löwe im Zoo, dass er nur Äpfel und Bananen zu fressen bekommt. »Tut mir leid«, sagt der Wärter, »du belegst die Planstelle eines Affen.«

Bei uns hat jeder Arbeit, trotzdem arbeitet keiner. Obwohl keiner arbeitet, erfüllen wir immer die Pläne. Obwohl wir immer die Pläne erfüllen, leben wir in Mangelwirtschaft. Obwohl wir in Mangelwirtschaft leben, haben alle von allem genug.

Vorwärts zu allem Möglichen.

Helden der Arbeit

Statt auf Konkurrenzdruck verließ man sich auf ein weit streuendes Belohnungssystem, auf persönlichen Anreiz mit Prämien, Urlaubsschecks, Beförderungen, Orden. Den Titel *Aktivist der sozialistischen Arbeit* trugen schließlich Zehntausende. Und *Helden der sozialistischen Arbeit* gab es auch nicht zu knapp.

An Feiertagen wie dem 7. Oktober, dem Gründungstag der DDR, erfolgten die großen und kleinen Prämien-

ausschüttungen. Nicht selten begleitet von der Über-
legung: Wer das letzte Mal nicht dabei war, sollte diesmal bedacht werden. Die Gefühlslage der Benachtei-
ligten:

*Wusstest du schon, dass sich die DDR-Gesellschaft
am 7. Oktober in zwei Klassen teilt?*

Die Ausgezeichneten und die Beleidigten.

Die Kampagnen im sozialistischen Wettbewerb wurden in
der Regel von zentraler Stelle eingefädelt. Schon der
legendäre Bergmann Adolf Hennecke, Urbild und Aus-
löser der Aktivistenbewegung, schaufelte sich seine drei-
fache Übererfüllung der Kohlenorm nicht ganz aus eigenem Antrieb herbei.

Seine Rekordschicht in dem Zwickauer Steinkohle-
schacht im Jahr 48 war vororganisiert, und der erste
Staatspräsident der DDR, Wilhelm Pieck hielt ein Jahr
später für den Helden der Arbeit den Nationalpreis Erster

»Das mit dem Gold ist wohl ein Schwindel?«
Vaterländischer Verdienstorden in Gold und Orden »Held der
Arbeit«

Klasse bereit. Den Vaterländischen Verdienstorden in Gold bekam Hennecke zwar erst zwei Jahrzehnte später, aber der Volkswitz fasste die beiden Staatsakte zusammen zu einem.

Auszeichnungsveranstaltung in Berlin. Der Kohlekumpel Hennecke aus Zwickau prüft den Vaterländischen Verdienstorden mit den Zähnen auf Echtheit. Wie ein Cowboy im Wilden Westen einen überraschend erworbenen Silberdollar. Und es knackt. Hennecke zu Pieck: »Genosse Präsident, das mit dem Gold ist wohl ein Schwindel.« Darauf Pieck: »Das mit deinen dreihundert Prozent Übererfüllung deiner Arbeitsnorm wohl auch.«

Heilige Kuh

Planerfüllung um jeden Preis – das geisterte durch die Wirtschaftswelt wie eine heilige Kuh.

Der Direktor von Robotron beichtet dem Parteisekretär: »In diesem Monat schaffen wir nur sechzig Prozent.«

»Das kann ich auf keinen Fall an die Bezirksleitung weitergeben«, stöhnt dieser. »Wir melden achtzig.«

»Das sind zwanzig Prozent zu wenig«, empören sie sich dort. »Sollen wir uns den Zorn des Zentralkomitees zuziehen? Wir melden hundert nach Berlin.«

Jedoch: In der Wirtschaftsabteilung des Zentralkomitees kommt das nicht gut an: »Kennt ihr nicht die neue Vorgabe? Alle Kraft für die Steigerung des Exports. Also: Hundertzwanzig Prozent!«

»Ausgezeichnet«, ruft der oberste Wirtschaftsplaner Günter Mittag aus, als ihm das gemeldet wird.

>>Sechzig Prozent für den Export, der Rest für den Bevölkerungsbedarf.<<

Jedoch: Mit Prozentzahlen jonglierte der Ostwitz auch andersherum:

Stimmt es, dass die DDR mit Volldampf dem Sozialismus entgegen braust? – Im Prinzip ja, aber neunzig Prozent des Dampfes verwendet sie zum Tuten.

Schließlich eine aktuelle Bilanz und ein historischer Ausblick:

Wusstest du schon, warum die DDR-Bürger immer so schnaufen? – Weil es schon dreißig Jahre bergauf geht.

»Aus unseren Betrieben ist noch viel mehr rauszuholen.« Plakat aus den 1950er Jahren

Wie bereiten sich die einzelnen Länder auf den Welt-
untergang vor? – Die USA öffnen die Banktresore
und verteilen die Dollarreserven an jedermann. In
Frankreich wird kostenlos Wein ausgeschenkt. In
der DDR wird die Losung ausgegeben: Mit erfüllten
Plänen in den Abgrund.

In eigener Sache

Manchmal suchten sich die Witzbolde auch einen Neben-
schauplatz. In den Sechzigerjahren kursierte deutsch-
landweit das Fragespiel *Wer ist der Erfinder von ...?*
Dieses gesellige Spiel bediente sich geläufiger Namen,
denen sich auf kuriose Weise eine Tätigkeit oder Eigen-
schaft zuordnen ließ. Beispiele:

Wer ist der Erfinder der Prothese? – Hans Holbein!
Wer ist der Erfinder des Schnellkochtopfs? – Giu-
seppe Garibaldi!

Da ließen sich auch Personalien aus dem öffentlichen
Leben in der DDR einreihen. So der Name der Zittauer
Weberin Frida Hockauf. Ihr hatte man in den frühen
Fünfzigerjahren für eine Wettbewerbskampagne den
Spruch »So wie wir heute arbeiten, werden wir morgen
leben« in den Mund gelegt. Wie man später hörte, erfuhr
sie selbst erst aus der *Sächsischen Zeitung* davon. Ihr
merkwürdiger Name blieb indessen im Volksgedächtnis
haften:

Wer ist die Erfinderin des Trockenklosetts? – Frida
Hockauf!

Wir Journalisten waren solchen Verballhornungen un-
schuldiger Familiennamen durchaus zugeneigt. Getrie-
ben auch von eigenem Frust. Den Verkehrsminister Erwin
Kramer verdächtigten wir als Erfinder des Zolls. Ein stellvertretender Außenminister, der Sepp Wenig hieß, wurde

von uns bezichtigt, er sei der Erfinder der Redakteurs-gehälter. Einen berühmten Kollegen aus der schreibenden Zunft erhoben wir zum Staatsgründer:

Wer ist der Erfinder der DDR? – Erich Mühsam!

BAUWERKE

*Warum durften am Richtfest für den Palast
der Republik keine Sachsen teilnehmen? – Weil
sie immer sagen: Ballast der Republik.*

Pfarrhaus oder Lampenladen

Der Palast der Republik, als er fertig war, brauchte einen
griffigen Namen. *Palazzo Prozzo*, ein Vorschlag von Wolf
Biermann, setzte sich nicht durch.

Demonstranten am 1. Mai und Teilnehmer der Fackel-
züge fragten sich, warum die Balustrade, auf der sich die
führenden Politiker zeigten, um den ganzen Bau herum
führte, bis auf die Seite, wo die Spree entlang fließt. Die
Vermutung: *Damit Honecker auch Flottenparaden ab-
nehmen kann.*

Bald folgte eine Bewertung aus himmlischer Sicht:

*Der Papst besucht den restaurierten Berliner Dom.
Als er den benachbarten Palast der Republik er-
blickt, beglückwünscht er seine evangelischen Gast-
geber: »Ich sehe, Gott ist euch wohlgesonnen. Da
hat er euch ein schönes neues Pfarrhaus spendiert.«*

Abends, wenn hinter den Glasfassaden Tausende von
Lichtern erstrahlten, wechselte die allgemeine Wahrnehmung zu *Erichs Lampenladen.*

HotSpott Alexanderplatz

Der nahe Alexanderplatz kam nicht besser weg. Als in der
zweiten Hälfte der Sechzigerjahre die Bagger anrückten,
um die Baugrube für das Haus des Lehrers auszuheben,
lästerten die Berliner:

*»Was suchen die dort?« Antwort: »Das Lehrer-
diplom von Margot Honecker.«*

Den fertigen Bau tauften sie *Paukersilo*. Das Haus des
Reisens mutierte zum *Haus des beschränkten Reisens*.
Dem Brunnen der Völkerfreundschaft, in dessen Becken
sommers die jungen Frauen gern barfüßig und mit ge-
schürzten Röcken Erfrischung suchten, hängte man den
Kosenamen *Nuttenbrosche* an.

»Treffpunkt Nuttenbrosche«
Brunnen am Alexanderplatz in Berlin, 1980er Jahre

Unter der Weltzeituhr, fertiggestellt im Jubiläumsjahr 69
auf der anderen Seite des Platzes, bildete sich ein Treffpunkt für Verabredungen aller Art, zugleich Sammelstelle
für große und kleine Leute, die im Gewühl einander aus
den Augen verloren hatten.
Es war die Zeit als Angela Davis in Berlin weilte, die ge-
feierte Afroamerikanerin, der man zu Hause ein Mord-
komplott gegen den amerikanischen Präsidenten anhän-
gen wollte. Ihr Gesicht lächelte von fast jeder Plakatwand

und aus jeder Zeitung. Auch der Ostwitz bemächtigte sich ihrer:

> *Ein kleines, alleingelassenes Mädchen steht weinend unter der Weltzeituhr. Eine besorgte Passantin versucht zu helfen:* »*Wie heißt du denn?*«
> »*Weiß ich nicht, ich bin ja noch so klein.*«
> »*Und wie heißt deine Mami?*«
> »*Weiß ich nicht, ich bin ja noch so klein.*«
> »*Und deine Kindergärtnerin?*«
> »*Weiß ich nicht, ich bin ja noch so klein.*«
> »*Kennst du denn niemand mit Namen?*«
> »*Doch, Angela Davis!*«

Spirituelle Karriere

Jenseits des S-Bahnhofs Alexanderplatz der Fernsehturm. Hierher gehört eine Geschichte, in der als Hauptperson Walter Ulbricht auftritt. Und die zeigt, dass der liebe Gott manchmal nachsichtig umgeht mit einem Ungläubigen.

Anfang der Fünfzigerjahre hatte der Parteivorsitzende seine *Zehn Gebote der sozialistischen Moral und Ethik* formuliert. Für diesen Verhaltenskodex im Bibelformat erwarb er sich den Spitznamen *Zonenmoses*. Zone – dieser Begriff bedarf einer Erklärung. Er stammt aus der Nachkriegszeit und bezeichnete die Sowjetische Besatzungszone, also das Territorium der heutigen fünf ostdeutschen Bundesländer. Für die Ostberliner damals ein lästiger Anhang. Sie fühlten sich privilegiert unter dem Status der vier Alliierten – Sowjetunion, USA, Großbritannien und Frankreich – mit offenen Grenzen zu den Westsektoren. An der Stadtgrenze, auf den Zufahrtsstraßen rund um Berlin, kam man nur mit einem gültigen Pass durch, in den Eisenbahnzügen fuhren immer Kontrolleure mit. Auswärtige wie ich erhielten Zuzugsgenehmigungen nur, wenn sie in Ostberlin arbeiteten. Der *Zoni* galt den gestandenen Berlinern als nicht richtig zugehörig, als nicht ganz auf der Höhe der Zeit, als einer, der erst lernen musste, richtig mitzuhalten. Ich womöglich auch.

Es kam der Sommer 61, als Ulbricht der Welt mitteilte, es werde in Berlin gar keine Mauer gebaut. Da er das acht Wochen später selbst widerlegte, degradierte ihn der Berliner Stammtischhumor zum *Zaunkönig*. Vorbei war's mit dem biblischen Namensgleichnis.

Weitere acht Jahre später wurde ein Standort für den geplanten Berliner Fernsehturm gesucht. Es soll Ulbrichts Idee gewesen sein, die Stadtmitte zu wählen, nicht draußen die Müggelberge, wo man sich fünfzig Meter Bauhöhe hätte sparen können. Eine unter den Städtebauern umstrittene Idee. Und von Westberlin her begiftet, vorgeblich wegen möglicher Risiken für den Flugverkehr, in Wahrheit wegen des östlichen Prestigegewinns.

Während der Betonschaft am Alexanderplatz in die Höhe wuchs, wurde im benachbarten Roten Rathaus ein griffiger Name für das Prestigeobjekt gesucht. *TeleTower*, ein Anglizismus, das ging natürlich nicht. Eine Abendzeitung empfahl: *Telespargel*. Aber das klang zu fade für die bekannte Berliner Kodderschnauze. Am Tag, als der Bau fertig war, am 3. Oktober 69, half die Sonne nach. Auf der Metallhaut der Kugel erglänzte ein silbernes Kreuz in mehr als zweihundert Meter Höhe. Näher bei Gott als jedwede Kreuzblume auf irgendeiner Kathedrale irgendwo in der großen, weiten Welt. Sichtbar bis nach Westberlin. Eine ideologische Peinlichkeit.

Die Architekten beteuerten allesamt ihre Unschuld. Am Modell sei bei voller Werkstattbeleuchtung von allen Seiten ein solcher Reflex nicht zu erkennen gewesen. Die

Berliner Spaßvögel jedoch waren entzückt. Jetzt fand sich für den *Zaunkönig* auch noch ein passender Name für das Zepter: *St. Walters Stift.*

Und dabei blieb es nicht. In der Warteschlange, die sich vom ersten Besuchstag an am Fuße des Turmes bildete und die manchmal bis zum Bahnhof Alexanderplatz reichte, gärte Missmut, wenn prominente Gäste aus dem In- und Ausland vorbeigeschleust und zu den Schnellaufzügen durchgewinkt wurden. Das gemeine Fußvolk taufte das dreihundertfünfundsechzig Meter hohe Bauwerk noch einmal um, und zwar in *Renommierschniepel.*

Das haftete bis zur Wende. Bis die Besitzverhältnisse wechselten und die neuen Betreiber die Preise für den Aufenthalt im Restaurant der Höhenlage anpassten, während sie für das feinere Publikum, das solche Ausdrücke nicht

»Renommierschniepel« und »Ballast der Republik«
Berlin, 1983

benutzt, Nobelambiente boten und dafür sorgten, dass der despektierliche Beiname vergessen wurde.

Seither prägt der Turm mit seiner einzigartigen Gestalt die Silhouette von ganz Berlin.

Und das Kreuz strahlt noch wie früher. An meinem Stammtisch kam schon mal die Frage auf, ob sich nicht ein Synonym finden ließe, das historische Gerechtigkeit übt. Freund Uli B. empfahl: *Ulbrichts Stinkefinger*. Als Gruß des Säulenheiligen aus dem Jenseits an die einstige Gegnerschaft. Aber diese hat sich ja längst verlaufen.

TRABILAND

Warum geschah zwischen Ostsee und Erz-
gebirge nie ein Bankraub? – Weil man
fünfzehn Jahre lang auf ein Fluchtauto warten
musste.

Heiland aus Zwickau

Unsterblicher Wendehumor, verarbeitet im Nachwende-
film *Go Trabi Go* – da lohnt ein Rückblick in die Vorge-
schichte.

Zuerst gab es im Osten aus eigener Autoproduktion nur
den EMW, ein klobiges Modell aus der Vorkriegszeit, ge-
fertigt in einer ehemaligen Werkstatt von BMW in Eisenach in minimaler Stückzahl. Das BMW-Signet war ver-
ändert worden um den Anfangsbuchstaben E. Das stand
nun für Eisenacher Motorenwerke: EMW.

Als die Eigenschöpfung der DDR, der Trabant 500, in Zwickau das Licht der Straßenwelt erblickte, wurde er gefeiert wie ein Heiland. Das erste für eine Großserie ent-
wickelte Fahrzeug der Welt mit Kunststoffkarosserie lief
vom Band. Ein historischer Tag, der 7. November 57.

Das Karosseriewunder aus Duroplast sollte nicht nur heimischen Sparzwängen angepasst sein, sondern auch die
Branche ein bisschen revolutionieren. Der Westen war
ja schon mit solchem Material unterwegs: der Lloyd LP
300 aus Bremen, genannt Leukoplastbomber, rollte über
den Brenner bis nach Italien und über den Kamm des Erz-
gebirges. Da setzte der Trabant zum Leistungsvergleich
an, später auch zum Überholen auf dem Feld der statis-
tischen Ehre, was Produktionsjahre und Stückzahlen betraf. Das Autoland Sachsen, früher gesegnet mit Audi,

DKW und anderen großen Markennamen, erwies sich als wieder zeugungsfähig im Automobilgewerbe.

Zähneklappern

Die Nullserie kostete nur viertausend Mark. Da war die Preiswelt auf dem Automarkt noch in Ordnung. Im Westen wie im Osten. Aber so blieb es nicht.

Sieben Jahre später kam der Trabant 601 heraus. Für diesen verlangten die Zwickauer schon fast das Doppelte. Die glücklichen Erstbesitzer sparten sich die Investition vom Munde ab. Nicht ohne Seitenblick in Richtung Westen.

Schreibt ein Enkel aus Leipzig nach Köln: »Liebe Oma, habe siebentausendzweihundert Mark beisammen gehabt und mir einen Trabant beschafft. Was sagst du dazu?«

»Mein lieber Enkel, ich bin stolz auf dich, weil du fleißig gespart hast. Aber musste es gleich ein so teurer Wagen sein. Hätte nicht ein VW-Käfer für fünftausend genügt?«

Preisfrust hin oder her, für den Autokäufer im Osten stand die Liebesbeziehung über allem. Kein Gebrauchsgegenstand aus vierzig Jahren DDR-Geschichte erfreute sich solch warmherziger Selbstironie wie dieses kleine, knatternde, stinkende Familienvehikel, genannt *Sachsenporsche* oder *Rennpappe*. Die beglückten Besitzer trugen selbst fleißig neues Witzmaterial herbei.

Begegnen sich ein Esel und ein Trabant.

»Guten Tag, Auto«, sagt der Esel.

»Guten Tag, Pferd«, sagt der Trabant.

Ein Polizist hält einen Trabi an und stutzt: »Bürger, Sie haben ja gar kein Tachometer? Wie wol-

len Sie denn die Geschwindigkeitsbegrenzungen einhalten?«

»Wenn die Windschutzscheibe vibriert, weiß ich, ich fahre zwanzig. Bei dreißig wackeln die Sitze. Bei fünfzig scheppern die Türen, und bei achtzig klappern meine Zähne.«

Hammer, Zange, Draht

Trabi-Piloten gelang es, ihrem Gefährt mehr als hundert Sachen abzufordern. Ein mögliches Tempolimit mussten sie nicht befürchten. Dafür, so hieß es damals, sorgten schon die Schlaglöcher auf den Straßen.

Was ist der Unterschied zwischen einem Düsenjäger und einem Trabi? – Den Düsenjäger sieht man, bevor man ihn hört.

Auf der anderen Seite der Autobahn huscht ein Paar Scheibenwischer vorbei. Was ist das? – Ein Trabant ohne Extras.

Wann erreicht ein Trabi seine Höchstgeschwindigkeit? – Wenn er abgeschleppt wird.

Was den privaten Wartungsbedarf betraf, konnte der Trabant ein Alleinstellungsmerkmal vorweisen. An keinem jemals gebauten deutschen Fahrzeug werkelten die Besitzer so viel wie an diesem.

Weitsichtige Leute legten sich eigene Ersatzteillager an, je üppiger desto besser.

Zusammenstoß zweier Trabis an der Straßenkreuzung, zwei Tote, zwei Schwerverletzte.

Die beiden Fahrer starben sofort, zwei Passanten überlebten knapp den Kampf um die Ersatzteile.

Hast du Hammer, Zange, Draht, kommst du bis nach Leningrad.

1983, im Lutherjahr, hieß es, Unfallfahrer hätten beantragt, ihrem Auto einen neuen Namen zu geben: Luther. Versehen mit dem Schicksalsspruch: »*Hier stehe ich, ich kann nicht anders.*« Fahrtüchtig Gebliebene formulierten schon mal ein weltliches Vaterunser:

Unser Trabi auf der Straße / geheiligt sei dein Motor / deine Beschleunigung komme / deine Geschwindigkeit geschehe / wie auf Landstraßen / so auf Autobahnen.

Unser tägliches Gemisch gib uns heute / und vergib uns unsere Geschwindigkeitsüberschreitung / denn auch wir vergeben den langsameren Autofahrern.

Und führe uns nicht in Polizeikontrollen / sondern erlöse uns von den roten Lichtsignalen / denn dein sind der Zylinder und die Kurbelwelle / und die Bremsölleitung.

In Ewigkeit.

Amen.

Warten, warten

Eine der Tugenden, die den Trabikäufern abverlangt wurden, hieß Geduld. Denn in der Mangelwirtschaft reichte es nie für den Bedarf.

Die Wartezeiten wuchsen ins Astronomische: Fünfzehn Jahre für Alleinstehende, wer Familie hatte, konnte das mit Anmeldungen für Oma, Frau, Geschwister und erwachsene Kinder ein gutes Stück reduzieren. Aber das Problem blieb.

Was bedeutet die Typbezeichnung 601? – Sechshundert Leute haben ihn bestellt, einer hat ihn bekommen.

Ein Vater schleppt seinen Jüngsten zum Autosalon.
Der Junge schreit: »Ich will lieber ein Eis.«
»Bekommst du später. Jetzt wird erst mal angemeldet.«
»Ich will aber kein Auto«, beharrt das Kind.
»Das Auto ist ja nicht für dich, es ist für deinen Sohn.«

Ivan de luxe

Frühzeitig, im Jahr 66, erschien der Trabant de luxe. Der hieß wirklich so. Er zeigte sich leicht abgehoben von seinen Vorgängern durch verchromte Lampenringe, Zweiklanghupe und ein farblich abgesetztes, aufpreispflichtiges Dach. Neider ergänzten:

Die Trabant-Werke bieten den Neubesitzern auch kosmetische Operationen an. De-luxe-Kunden dürfen sich die Mundwinkel kostenlos bis zu den Ohren öffnen lassen. Damit sie den Vokal a schön in die Länge ziehen können, wenn sie sagen: Mein Waaagen.

Anwärter, die ganz hinten auf der Warteliste standen, trösteten sich:

Ach, wie gut, dass niemand weiß: Altes Auto, neuer Preis.

Frühe Umweltschützer hingegen beklagten den weiterhin hochfrequenten Geräuschpegel:

De-luxe-Fahrer haben als zusätzliche Ausstattung einen Satz Kopfschalldämpfer verlangt. Das hat Zwickau leider abgelehnt. Mit dem Hinweis: Wir bauen unsere Autos weiter so, dass der Fahrer den Kopf auch zwischen die Knie nehmen kann.

Dem Neuen wurden Langstreckenqualitäten abverlangt. Im Urlaub trug er über eine Distanz, die der Leipziger Kabarettist Jürgen Hart mit seinem Lied »Sing mei Sachse sing« regionalsprachlich so definierte: »Bis nundr nach Bulgarschn / dud dr die Weld beschnarchen.« Einen Überraschungseffekt erlebten die Neubesitzer überdies. Auf den Parkplätzen am Plattensee in Ungarn und in den Ferienorten des Balkans, wo sich der Trabant de luxe unerschrocken neben Audi und Opel platzierte, verpasste man ihnen den Spitznamen *Ivan de luxe.*

»Sechshundert haben ihn bestellt, einer hat ihn bekommen.« Urlaub mit dem Trabant 601, Ende der 1970er Jahre

Pfauen und Ameisen

Das andere Ost-Auto, der Wartburg aus Eisenach, gab sich gediegener, teurer und schöner. Und er war ebenso begehrt, obwohl auch ein Zweitakter und kein Umweltfreund.

Was den einschlägigen Humor betrifft, konnte er allerdings nicht mithalten. Nur wenige Wartburgwitze sind überliefert. Wie dieser:

Materialsorgen haben sie in Eisenach nicht. Das
Blech nehmen sie aus der Zeitung, die Nieten aus
der Partei, die Muttern aus dem Demokratischen
Frauenbund und einen Motor brauchen sie nicht, es
geht ja nur bergab.

Populäres Autogespött gedieh erst wieder, als die Ära
der Importe aus dem kapitalistischen Wirtschaftsbereich
begann. Das Politbüro wollte das Straßenbild modernisie-
ren und riskierte das Abenteuer mit dem Volvo. Verteilt
wurden die schwedischen Limousinen zuerst im höheren
Staatsdienst, dann auch für Privilegierte aus bevorzugten
Lebensbereichen von Politik bis Kunst.
Die Wagen der Oberklasse nahmen sich aus wie eitle
Pfauen im Ameisenhaufen der Trabis. Einen Beleg für die
kommende klassenlose Gesellschaft lieferten sie nicht.
Die Verkehrsbürokratie vergab für die Volvos das Kennzeichen IBM. Eine Steilvorlage für Gesellschaftskritik:
Ich Bin Millionär. Und die Politbürosiedlung bei Wandlitz
bekam einen neuen Ortsnamen: *Volvograd.*

Golfstrom

Der Unmut auf den Straßen und in den Garagen war bald
greifbar:
> *Wusstest du, dass der Volvo nur noch in einer Farbe*
> *importiert wird? In schamrot.*

Das verlangte nach Ausgleich. Wenig später rollte der
VW Golf herbei, zehntausend Stück, genannt *Golfstrom,*
verteilt nunmehr auch über die Betriebe. Natürlich nicht
an jedermann, eher an verdienstvolle Werktätige.
Gut bei Kasse musste der Auserwählte schon sein und
auch einigermaßen gut positioniert im Beziehungsge-
flecht.

Die Neubesitzer gaben gern an mit Benzinspardaten und beweglicher Hutablage. Die zu kurz Gekommenen reimten:

Fleißig, fleißig,
Die DDR wird dreißig.
Kleine laufen sich den Wolf,
Große kaufen sich den Golf.

Die Verkehrsbürokratie traf indessen wiederum ins Schwarze. Welcher Buchstabe folgt auf das M? Klar doch, das N. Folglich: IBN: *Ich Bin Neureich.*

Dem Golf gesellte sich ein Japaner hinzu: der Mazda. Aber das Spottpotenzial zum Thema Auto, so scheint es im Rückblick, war da schon weitgehend verbraucht. Über Asphalt und Kopfsteinpflaster rollten zu dieser Zeit schon andere Importe. Aus sowjetischer Produktion sowieso: der Saporoshez, genannt *Taiga-Tiger*, der Moskwitsch, der wuchtige Wolga und der Lada. Aus der Tschechoslowakei kam der Škoda, aus Rumänien der Dacia. Die wenigen über Intershop oder Sondergenehmigung ins Land gelangten Wagen aus westlicher Produktion wie Peugeot, Citroën und Saab fielen kaum ins Gewicht.

Der Trabi überlebte sie alle. Unvergesslich die Bilder aus dem Jahr 89, als die Grenzschranken fielen und die Bundesrepublik mit Trabis geflutet wurde, zweiunddreißig Jahre, seit der erste vom Band gerollt war. Die Frauen und Männer am Steuer hielten allen mitleidigen Blicken stand. In manchen Heckscheiben klebte der Spruch »Trabant-Fahrer sind die härtesten.«

Weitere drei Jahrzehnte später steigert sich die Geschichte des Stinkers aus dem Osten zu einem Aberwitz. Der Trabant verwandelte sich in ein Kultgefährt für Autoliebhaber, die im Internet Summen aufbieten, die den Kaufpreis des ersten in Zwickau gefertigten Modells deutlich übertreffen. In Euro.

DEVISEN, DEVISEN

Eine neue Massenorganisation soll gegründet werden: BMW – Bürger mit Westgeld.

Weiche Währung

Die Devisenknappheit zehrte als Dauerleiden an der Volkswirtschaft. Einer der Auswege, den die Beschaffer suchten, führte über die Öffnung der Intershops, wo schließlich auch der Normalbürger sein Westgeld, das der Verwandtenbesuch zurückließ, umsetzen durfte. In Westprodukte wie Nescafé, Levi's Jeans, allerlei Kosmetika, Kleidung und Schmuck –, die in den Ostalltag einen Hauch von Luxus brachten.

Die Intershops handelten seit Mitte der Siebzigerjahre mit Forumschecks. Diese erwarb man, indem man seine Vorräte an westlicher Währung bei der Staatsbank eintauschte. Es durften auch Dollar sein.

Der Onkel aus Amerika erscheint mit großem Koffer zum Familienbesuch und verteilt seine Geschenke. Aber es reicht nicht bis zum Jüngsten. Deshalb spendiert er diesem zum Spielen einen Halbdollar.

Der Kleine steckt die Münze, kaum dass der Onkel weg ist, in den Mund und verschluckt sie.

Sofort holt der Vater Rizinus aus dem Medizinschrank, füttert damit den Jungen und setzt ihn auf den Topf. Geduldig warten alle auf ein klackendes Geräusch.

Schließlich greift das Familienoberhaupt zum Wäschestock, untersucht damit das Ergebnis und blickt enttäuscht in die Runde: »Nüscht! Alles nur unsere Währung.«

Geldsorgen

Die Staatsbank verwaltete Tantiemen, die beim sogenannten Büro für Urheberrechte einliefen. Der größte Teil des
Honorars von Künstlern und Schriftstellern aus Theatern
und Verlagen im Westen – fünfundachtzig Prozent – wurde
in Mark der DDR an die Empfangsberechtigten weitergeleitet. Den kostbaren Rest konnte man bei der Staatsbank
stehen lassen für spätere Reisen und andere Zwecke.
Nicht jeder, der auf diese Weise ein wenig Westgeld auf
der hohen Kante bewahrte, traute diesem Frieden.

*Erscheint ein Kunde am Schalter der Staatsbank
und will wissen, ob seine hundert Mark West auch
versichert seien gegen eine Bankpleite.*

*»Eine Staatsbank geht nicht pleite«, beruhigt ihn der
Bankbeamte. »Für Ihr Geld garantiert der Staat.«*
»Und wenn der Staat bankrottgeht?«
*»Dann dürfte Ihnen das doch die hundert Mark wert
sein.«*

Diplomatenjagd

Honecker, Stoph, Mittag und andere führende Kader
von Partei, Staat und Regierung legten Wert auf diskre-
te persönliche Kontakte zu ausländischen Diplomaten.
Was hätte sich für Begegnungen außerhalb des Proto-
kolls besser eignen können als die Schorfheide, eine
Hügellandschaft mit Wäldern, Wiesen und klaren Seen
nordöstlich von Berlin? In diesem stillen Naturparadies
unterhielten sie ihre Freizeitressorts und frönten der
Jagd.
Das fürstliche, männliche Vergnügen lockte auch Gefolg-
schaft aus dem Diplomatischen Corps in den Buchenwald.
Mit besonderer Genugtuung vermeldete das Presse-

amt der Regierung, wenn sich westliche Botschafter anschlossen. Waffen, Jagdoptik und Fahrzeuge hatte man größtenteils gegen Devisen beschafft, und diese waren bekanntlich immer knapp. Beim Halali ging es nicht ab ohne feudales Gehabe. Das geschossene Wild, die sogenannte Strecke, wurde wohlgeordnet für das Pressefoto präsentiert. Devisen für den nächsten Pirschgang ließen sich damit nicht schöpfen. Der Wildfleischertrag kam der Gastronomie zugute.

Im offiziellen Sprachgebrauch hieß das Diplomatenjagd. Journalisten mit feinerem Sprachgefühl erkannten darin einen Doppelsinn und nutzten den Begriff gern für die Überschriften in der Nachrichtenspalte. Unter der Hand war auch Jägerlatein im Umlauf:

An einem diesigen Herbsttag entdeckt der mit Jägerhut und Jagdbüchse ausgestattete Ministerpräsident Willi Stoph auf einer Lichtung einen Toten. Er

»Schieß dir selber einen.«
Jagdfreunde Erich Honecker und Leonid Iljitsch Breschnew unterwegs in die Schorfheide, 1971

nähert sich dem Leblosen, untersucht die Kleidung,
findet die Brieftasche und erkennt: Es ist der briti-
sche Botschafter! Plötzlich knackt es im Gehölz und
mit rauchender Flinte bricht Günter Mittag hervor,
der Verantwortliche im Politbüro für Wirtschafts-
fragen. »Hände weg, Willi«, ruft er. »Wenn du Devi-
sen suchst, schieß dir selber einen.«

Aus für HoMo

Um teure Importe einzusparen, wurde in den Siebzigern
eine neue Kaffeesorte gemischt. Fünfzig Prozent Bohne
und fünfzig Prozent Zuschlagstoffe. Der Geschmack
näherte sich jenem ätzenden Gesöff, welches man in Berlin Muckefuck nennt, abgeleitet von dem französischen
Begriff *moka faux*, gefälschter Mokka.
Die neuartige braune Plörre mutierte im Volksmund zu
HoMo oder *Honeckers Mokka* oder auch *Erichs Krönung.*
Letzteres offenbar vorgeschlagen von Leuten, die Westpakete bekamen.
Das Experiment ging schief.
Die Viertelpfund-Tüten blieben stapelweise in den Regalen liegen. Daraufhin kam wieder besserer Kaffee mit her-
kömmlicher Mischung in den Handel. Die Kaffeetrinker
schlussfolgerten darwinistisch:

> *Weißt du schon, dass sich ein Käufer für die Lager-*
> *bestände gefunden hat? HoMo wird jetzt nach*
> *Indien exportiert. Damit wollen sie dort ihr Bevölke-*
> *rungsproblem lösen.*

Steinzeit

Zum Außenhandelsministerium gehörte ein Spezial-
bereich namens Kommerzielle Koordinierung, der weit-

gehend autark handelte. Man verkaufte auch Antiquitäten ins Ausland. Nicht nur das, was sich auf sächsischen Heuböden und in thüringischen Bauernküchen einsammeln ließ, auch Gröberes.

Das vermutlich kurioseste Exportprodukt waren Pflastersteine. So fand das, was die Mecklenburger ihr Gutsherrenpflaster nannten, neue Verwendung für kulturhistorische Straßenrekonstruktionen in Frankreich oder für Freizeitparks in Japan. Stoßseufzer am Straßenrand, wo nun ersatzweise geteert wurde:

Ach, wär' ich doch ein Pflasterstein, da könnt' ich längst im Westen sein.

Auf der Weide

Als der bayrische Ministerpräsident Franz Josef Strauß sich erbot, der DDR mit einem Milliardenkredit aus der Devisenpatsche zu helfen, opponierten bis in die höheren Wirtschaftskreise Bedenkenträger, die meinten, dass dies auf die Dauer nicht gutgehen könne und dass der Klassenfeind die DDR-Wirtschaft so auszehren werde.

Der Ostwitz aktivierte dafür die Geschichte von der Lerche, der Kuh und dem Habicht, ein Dramolett aus dem Dorfleben. Man kannte das längst, aber auch Folklore macht manchmal erst richtig Quote, wenn sie in den aktuellen politischen Alltag passt. Das Stück bezog sich auf eine im Wortsinn beschissene Ausgangslage und ging so:

Eine Lerche hat den Vogelzug versäumt und ist im ersten Frost auf der Weide erstarrt (die Exportwirtschaft). Kommt eine Kuh vorbei und lässt einen dampfenden Fladen fallen (Franz Josef Strauß). Die Lerche taut auf, steckt den Kopf heraus und trällert.

Fliegt ein Habicht herbei (der Weltkapitalismus) und greift sich den armen euphorischen Vogel.

Was lernen wir daraus?

Erstens: Nicht jeder, der auf dich scheißt, ist dein Feind. Zweitens: Nicht jeder, der dich aus der Scheiße zieht, ist dein Freund. Drittens: Und wenn du schon bis zum Hals in der Scheiße steckst, tiriliere nicht.

PERSONALIEN

Warum hing in den staatlichen Büros überall das Bild des Staatsratsvorsitzenden an der Wand? – Damit jeder gleich wusste, wer an allem schuld ist.

Zur Person W. U.

Walter Ulbricht wurde schon in den Fünfzigerjahren in einem abschätzigen Spruch bedacht, auch wenn es mit der Grammatik haperte: *Spitzbart, Bauch und Brille ist nicht unser Wille.*

Der »Spitzbart« bezieht sich auf Ulbricht, der »Bauch« auf den beleibten und jovialen Präsidenten Wilhelm Pieck, die »Brille« auf den eher als intellektuellen Bürokraten wahrgenommenen Ministerpräsidenten Otto Grotewohl.

Anfang der Sechziger – seit zwei Jahren stand die Mauer – kam der sowjetische Partei- und Staatschef Nikita Chruschtschow nach Berlin. Im Reisegepäck ein monströses Geschenk, ein Automobil SIL, das damalige Standardgefährt sowjetischer Spitzenpolitiker.

Der Spender, bekannt und populär wegen seiner mitunter schelmischen, wenig staatsmännischen Auftritte, ließ die Gelegenheit nicht aus, ihm das Luxusvehikel öffentlich selbst zu präsentieren

Ulbricht klappt die Vorderhaube hoch, aber es ist kein Motor zu sehen, denn der befindet sich im Heck.

»Wie soll ich denn ohne Motor fahren, Nikita?«

»Kein Problem, mit dir geht's doch nur bergab.«

»Und wenn's mal wieder aufwärts geht?«

»Dann sitzt du nicht mehr am Steuer.«

Schon bald, Ende der Sechzigerjahre, fiel der alternde Ulbricht tatsächlich in Moskauer Ungnade. Die Ämterverteilung zuhause musste neu geklärt werden. Doch Nibelungentreue war es nicht, was die Parteispitze noch zusammenhielt. Es kursierte die Prognose:

Walter schützt vor Torheit nicht.
Erich währt am Längsten.
Und Stoph bleibt Stoph.

»Mit dir geht's doch nur bergab.«
Nikita Chruschtschow und Walter Ulbricht, Ostberlin 1958

Als Ulbricht endlich aufgab, siebenundsiebzigjährig, hieß es: Er wurde zurückgetreten. Nachruhm war ihm nicht beschieden.

Der Omnipräsente von einst verwandelte sich schon zu Lebzeiten in eine Unperson.

Ulbricht will noch mal nach Moskau reisen, um das Grab Chruschtschows zu besuchen. Er ruft an, um zu erfahren, auf welchem Friedhof sein einstiger politischer Lehrmeister liegt.

»Chruschtschow, Chruschtschow? Kennen wir nicht.«

Kaum hat Ulbricht aufgelegt, ruft Moskau bei Honecker an: »Hier hat sich einer auf der Direktleitung gemeldet, der sagt, er heiße Ulbricht, wer ist denn das?«

»Ulbricht, Ulbricht? Kennen wir nicht.«

Jedoch: Eine Erinnerungstour mit Gattin Lotte in seine Geburtsstadt Leipzig gönnte ihm der Spott dann doch:

In der Vorstadt bemerkt Ulbricht einen Kleingärtner mit einem Handwagen, der Pferdeäpfel vom Asphalt klaubt. »Machen Sie hier ehrenamtliche Straßenreinigung, Genosse Staatsbürger?«

»Nein, das ist für meine Erdbeeren.«

»Siehste, Lotte, hab's gleich gesagt, auch bei Honecker muss es ohne Sahne gehen.«

Im Sommer 73, als in Berlin die Weltjugendfestspiele gefeiert wurden, starb Ulbricht isoliert auf seinem Landsitz in der Schorfheide.

In der Zeitung, bei der ich arbeitete, eröffnete der diensthabende Nachrichtenredakteur die Planung für die nächste Ausgabe mit einer Ulbrichtschen Sprachfloskel: »Nu, nu, nu. Beim letzten Ton des Staatsratsvorsitzenden war es fünf Minuten nach zwölf.«

Zur Person E. H.

Honecker versprach, alles besser zu machen. Seine zentrale Formel hieß: Einheit von Wirtschafts- und Sozialpolitik. Das, so befürchteten Wirtschaftsexperten bei Besichtigung der Ressourcen, werde mehr kosten, als den Bilanzen guttut. Erfolgsprognosen bescherte ihm der Ostwitz nicht.

Warum fährt Honecker mit einem Traktor über Land? – Er sucht nach Anhängern.

Honecker hat sich den Arm gebrochen. – Er wollte sich auf die Jugend stützen.

Honecker hatte Krach beim Frühstück. – Margot wollte ihm Reformbrot vorsetzen.

Ein Wortspiel bediente sich der Vokabel »vermehren«, die im Sächsischen nicht nur für steigern oder vergrößern steht, sondern – mit dem Laut »ä« versehen – auch für vertun, verlieren, verderben.

Post aus der Gruft in Friedrichsfelde.
Eine Tonbandaufnahme.
Die Grabesstimme Ulbrichts, sächsisch gefärbt, prophezeit: »Lieber Genosse Honecker, habe deine letzte Parteitagsrede aufmerksam verfolgt und gratuliere dir. Stelle fest: Es ist dir gelungen, das von mir erwirtschaftete Nationaleinkommen systematisch zu vermähr'n.«

Schließlich einige Verweise auf die Schwierigkeiten beim Erwerb des himmlischen Segens:

Warum braucht Honecker solange, bis er in den Himmel kommt? – Er muss zu Fuß gehen, weil er Himmelfahrt abgeschafft hat.

Ein bärtiger Engel mit entsicherter Maschinenpistole steht Posten am Himmelstor.
Neuankömmlinge fragen, ob im Paradies der Krieg ausgebrochen sei.
»Nein«, sagt Petrus, »das ist Marx, der wartet auf Erich Honecker.«

Zur Person E. M.

Wann sagte Lenin: Lernen, lernen und nochmals lernen? – Als er das Schulzeugnis von Erich Mielke sah.

Mielke bekommt Besuch von seinem Enkel und fragt diesen, was er mal werden wolle. »Chef der Staatssicherheit«, sagt der Sprössling.
»Das geht nicht, das bin schon ich.«

Ministerpräsident Stoph und Parlamentspräsident Sindermann entnehmen der Polizeistatistik, dass jeder Dritte in der DDR kriminell sei. Als Mielke hinzutreten will, halten sie Abstand: »Erich, das hätten wir nicht von dir gedacht.«

Ein Fußballspieler vom Stasiclub BFC Dynamo hat sich das Knie ruiniert. Mielke bietet ihm an: »Wenn du hauptamtlich bei uns mitmachst, verschaffe ich dir einen Vorzugsplatz im Regierungskrankenhaus.«
Der Fußballer verzichtet: »Ich bin aufs Knie gefallen, nicht auf den Kopf.«

Mielke im Regierungskrankenhaus. Um sein Bett versammelt ist das gesamte Politbüro. Der Kranke fragt: »Und wer passt auf das Volk auf?«

Morgenappell im Gefängnis. Der Wärter verkündet: »Heute kommt Erich Mielke.«
»Ahnte ich doch längst«, knirscht ein Häftling, »mit dem nimmt es kein gutes Ende.«

MAXIMUS-LENIMUS

Die Theorie ist Marx, die Praxis ist Murks.

Siechen lernen

An den Universitäten und Hochschulen war Marxismus-Leninismus Pflichtfach. Im Studentenjargon hieß das *Maximus-Lenimus.*

Zur fakultativen Lektüre gehörte die Schrift *Die Entwicklung des Sozialismus von der Utopie zur Wissenschaft* von Friedrich Engels. Wer genauer darin las, fragte sich, warum er in der DDR die Umkehrung dieser These erlebte: die Entwicklung des Sozialismus von der Wissenschaft zur Utopie.

An den Gesellschaftstheorien von Marx, Engels und Lenin wurde viel verbogen, damit sie auf die Realitäten passten. Als aktuelles Lehrmaterial empfahlen die Indoktrinierten einander:

> *In Moskau sind vier Bände über den Elefanten herausgegeben worden. Band eins: »Der Elefant im zaristischen Russland«, Band zwei: »Der Elefant in der Oktoberrevolution«, Band drei: »Der Elefant im Großen Vaterländischen Krieg«, Band vier: »Der Elefant im sozialistischen Aufbau.«*
>
> *Die deutsche Übersetzung enthält ein Supplement: Band fünf: »Der Elefant als treuester Freund der Sowjetunion«. Band sechs: »Vom Sowjetelefanten lernen, heißt siegen lernen.«*

Siegen lernen – diesen geheiligten dogmatischen Grundsatz für alle Lebenslagen versah der Ostwitz mit einer kleinen akustischen Korrektur:

> *Von der Sowjetunion lernen, heißt siechen lernen.*

Pausengeplauder

Die Kursteilnehmer der Parteihochschule dürften zu den Multiplikatoren gezählt haben. Dort trafen sich Kombinatsdirektoren, Kulturschaffende, Parteifunktionäre, Verwaltungsbeamte und andere Funktionsträger. Erfahrene Praktiker meistens, die es der Karriere wegen an diesen Ort verschlagen hatte.

Leicht abzugleichen war da abends in der Kantine Aufgeschnapptes mit Erkenntnissen, die man der Prüfungskommission lieber nicht vortrug, jedenfalls nicht in der Form von Jerewan-Witzen.

Anfrage an Radio Jerewan:
Was hat der Sozialismus von früheren Gesellschaftsformationen übernommen? – Vom Kapitalismus das Geld, vom Feudalismus die vielen kleinen Könige, von der Sklaverei die Arbeit mit dem Menschen, von der Urgesellschaft die Arbeitsproduktivität.

Anfrage an Radio Jerewan:
Wieweit sind wir gekommen mit der sozialistischen Idee? – Marx und Engels wollten den Sozialismus für die ganze Welt, Lenin nur für ein Land, Walter Ulbricht nur für die DDR, Honecker verwirklichte ihn nur in Wandlitz.

Anfrage an Radio Jerewan:
Kann man in der Schweiz den Kommunismus aufbauen – Im Prinzip ja. Aber wozu?

Anfrage an Radio Jerewan:
Was haben die Deutschen geerbt von ihren großen Söhnen Marx und Engels? – Die im Osten das Kommunistische Manifest, die im Westen das Kapital.

Anfrage an Radio Jerewan:
Was ist der Unterschied zwischen Kapitalismus und Sozialismus? – Im Kapitalismus wird der Mensch durch den Menschen ausgebeutet. Im Sozialismus ist alles umgekehrt.

Anfrage an Radio Jerewan:
Wie muss man sich den Kommunismus vorstellen? – Wenn alle von allem genug haben.

Schulung umsonst

Der fiktive Sender Radio Jerewan mit seiner dialektischen Standardantwort »Im Prinzip ja. Aber ...« war ein sowjetischer Import.

Was von diesem Witzgut ins Deutsche übersetzt worden ist und was kreative Eigenproduktion war, ist schwer zu sagen.

Die Parteibasis entschlüsselte die theoretischen Widersprüche zwischen der marxistischen Lehre und der sozialistischen Praxis auf eigene Weise.

Was ist der Unterschied zwischen einem Parteitag und einem Langholzwagen? – Der Langholzwagen hat das dicke Ende vorn, die rote Fahne hinten. Beim Parteitag verhält sich das umgekehrt.

Was ist eine sozialistische Menschengemeinschaft? – Wenn der Parteisekretär den Pfarrer fragt, ob er ihn am Sonntag trauen werde und dieser antwortet: »Am Wochenende habe ich keine Zeit, da muss ich zur Kampfgruppe.«

Die politische Schulung der Bevölkerung ist kostenlos. – Sie ist auch umsonst.

»Du hast auf der letzten Gewerkschaftsversamm-
lung gefehlt.« – »Hätte ich gewusst, dass es die
letzte ist, wäre ich gekommen.«

Kaderfragen

Manch ein Kursteilnehmer mag sich gefragt haben, ob
es überhaupt die richtige Entscheidung gewesen sei, der
Partei beizutreten. Rückgängig zu machen war das aber
kaum. Betroffene sahen das so:

Ein Genosse, der austreten will, nennt zwei Gründe:
»Erstens befürchte ich, dass es mal anders kommt
...«
»Kannst beruhigt sein«, sagt der Parteisekretär, »es
kommt nicht anders.«
»Genau das ist der zweite Grund.«

Wer es dennoch versuchen wollte, dem empfahl der Ostwitz die Teilnahme an einem Stufenplan zur Stärkung der
Partei:

Wer einen neuen Genossen gewinnt, bekommt eine
Buchprämie und braucht ein Jahr lang keinen
Parteibeitrag zu bezahlen. Wer fünf wirbt, darf aus
der Partei austreten. Wer zehn schafft, bekommt
eine Bescheinigung, dass er nie in der Partei gewe-
sen ist.

Beneidet, weil frei von solchem Stress, wurde indessen
ein Gesinnungsgenosse aus früheren Zeiten. Mit seiner
Kaderakte wäre er gar nicht erst zur Aufnahmeprüfung
gelangt.

»Was ist dein Vater?«
»Anwalt.«
»Und deine Mutter?«
»Kaufmannstochter.«
»Und deine Frau?«

»Adlige.«

*»Sehr ungünstig: bürgerliche Herkunft, adlige Sipp-
schaft, kein Hinweis auf Verbindung zur Arbeiterklasse. Wie war doch gleich der Name?«*

»Karl Marx.«

»Wie war doch gleich der Name?«
Karl-Marx-Monument in Chemnitz, 1970er Jahre

KULTURKAMPF

Anfrage an Radio Jerewan: Wozu braucht die
DDR ein Kulturministerium? – Wir möchten
eine Gegenfrage stellen: Wozu braucht die
Schweiz ein Marineministerium?

Feingeist und Grobian

Im Politbüro des Zentralkomitees der führenden Partei
verwaltete auf Jahrzehnte hinaus der Honoris-causa-
Professor Kurt Hager die Angelegenheiten auf ideologi-
schem Gebiet. Einer, der gern den Feingeist spielte und
gönnerhaft schon mal widerspenstigen Künstlern Privilegien und Visa für eine Westreise genehmigen ließ, während er die Kulturszene zuhause ideologisch schulmeis-
terte. Als seine Macht am Ende der Achtziger agonierte,
denunzierte er die Reformbemühungen Gorbatschows in
Moskau als »Tapetenwechsel, den wir nicht mitmachen
wollten«. Man beachte den Pluralis Majestatis. Er sagte
tatsächlich: Wir.

In Leipzig waltete ein anderer Typ: Paul Fröhlich, ein Be-
zirksparteisekretär, der nicht auf Sensibilität setzte, sich
aber trotzdem gern kulturpolitisch profilieren wollte. Um
Baufreiheit in der Innenstadt für die Karl-Marx-Universi-
tät zu gewinnen, ließ er die achthundert Jahre alte Pauli-
nerkirche sprengen. Am Rednerpult gab er den Grobian,
wenn es galt, die Proteststimmung in der Stadt einzu-
hegen. Dieses Duo richtete in den Sechzigerjahren viel
Unheil an. Die Betroffenen stichelten:

Begegnen sich zwei Kulturschaffende. Fragt der
eine: »Na, wie geht's?« Antwortet der andere: »Mal
hager und mal fröhlich.«

Schusswaffentausch

Anfang der Sechziger hatte es Hoffnung gegeben. Aus Halle kam ein dynamischer junger Mann namens Hans Bentzin nach Berlin, um das Amt des Kulturministers zu übernehmen. Im Schattenwurf der Mauer sollte eine eigenständige, gegen westliche Einflüsse abgeschirmte Kulturpolitik gedeihen. Kommentierung aus der Szene:

Wer ist größer als Jesus? – Walter Ulbricht! Jesus machte aus Wasser Wein, Ulbricht machte aus Bentzin Kultur.

Viel Spielraum gewann der Neue nicht. Sein Vorschusslorbeer welkte bald. Im Dezember 65 richtete das Zentralkomitee einen Bannstrahl gegen zwölf missliebige DEFA-Filme, fast die gesamte Jahresproduktion. Darunter der später legendär gewordene Streifen *Spur der Steine* mit Manfred Krug. Regisseure, Schriftsteller, Dramaturgen und Schauspieler standen plötzlich wie begossene Pudel in der Kulturlandschaft. Bentzin, der nicht gut genug aufgepasst hatte, wurde beiseitegeschoben.

Die Geschurigelten reagierten mit Sarkasmus. Sie bastelten die Titel zweier eingesargter Filme aneinander, um ihre Befindlichkeit zu beschreiben: »*Das Kaninchen bin ich*, aber *Denkt bloß nicht, dass ich heule.*« Und flüchteten in Selbstironie:

Begegnen sich zwei Betroffene bei Ersatzbeschäftigungen im Filmarchiv. »Nanu, sind Sie auch PG?«

Das Kürzel PG war in der Nazizeit für »Parteigenosse« im Umlauf gewesen und galt in der Nachkriegszeit als Makel. Nun stand es für »Plenumsgeschädigte«.

Schließlich eine eher zynische Form der Genugtuung. Sie bezog sich auf ein Geschehnis außerhalb des Kulturbereichs. In seinem Dienstbüro bei der Staatlichen Plankommission hatte sich deren Chef, der stellvertretende Ministerpräsident Erich Apel, erschossen. Es sickerte durch, dass dies auf schwere Differenzen mit Ulbricht um die wirtschaftliche Reformpolitik zurückzuführen gewesen sei. Apel habe einen Vertrag mit der Sowjetunion nicht unterschreiben wollen und sich der Prozedur durch Selbstmord entzogen. Nun ätzten die Plenumsgeschädigten:

Alle Wirtschaftsfunktionäre müssen ihre Dienstpistolen abgeben – an die Kulturfunktionäre: Die schießen nur auf andere.

Irrlichter

In den Siebzigern, seit dem Wechsel von Ulbricht auf Honecker, zeigte sich eine gewisse Liberalität in der Kulturpolitik. Im November 76 gestattet man dem missliebigen Liedermacher Wolf Biermann ein Konzert beim Deutschen Gewerkschaftsbund in Köln. Er nahm nicht nur seine Gitarre mit, sondern auch seine Aufmüpfigkeit. Was er in der Kölner Sporthalle vortrug, empörte die Verteidiger der ordnenden staatlichen Hand im Kulturbetrieb aufs Heftigste. Biermann wurde die Rückreise verwehrt und die Staatsbürgerschaft aberkannt. Vermutlich mit Nachdruck versehen von der Volksbildungsministerin Margot Honecker, die ihn einst aus Hamburg in den Osten geholt und mit Privilegien ausgestattet hatte, ihn aber nicht unter Kontrolle behalten konnte.

Eine Zäsur in der Kulturpolitik, ein ideologischer Putsch. Die Bevormunder, die ideologischen Betonköpfe bekamen wieder Oberwasser. Schriftsteller, Filmleute, Musiker, die protestierten, wurden abgeschnitten vom Kulturbetrieb. Es folgte ein kulturpolitisches Debakel. Nicht wenige Betroffene nutzten nun ihre Privilegien und ihre

Popularität, um sich Reisepässe für den Westen zu beschaffen, und verließen bald das Land – von Manfred Krug bis Armin Müller-Stahl. Der Frust durchdrang die gesamte Kulturszene. Antragssteller, denen die Ausreise verweigert wurde, höhnten:

> Auf dem Alexanderplatz kontrolliert die Polizei einen Grufti: »Bitte weisen Sie sich mal aus.«
> »Nanu? Kann man das schon selbst tun?«

Begegnung mit Van Gogh

Konfliktpotenzial sammelte sich in dieser Zeit beiderseitig. In der eher elitären Kulturszene beklagte man gern die Unbildung politischer Funktionäre, ohne nach Gründen zu fragen. Die alte Garde der Funktionäre war durchaus befrachtet mit einer Sehnsucht nach Konzerten, Theaterleben, Museen, mit einem Bedürfnis nach Teilhabe an der Lebenskultur der bürgerlichen Klasse, wovon sie in jungen Jahren ausgesperrt waren. In der Weimarer Zeit hatten ihnen das Geld und die Bildungschancen gefehlt, die Nazizeit verbrachten viele von ihnen in Konzentrationslagern oder im Exil.

Nun, da sie an die Macht gelangt waren, wollten sie dafür sorgen, dass die Arbeiterklasse aufholt. Sofort nach dem Krieg gaben sie Geld und materiellen Beistand nicht nur für das, was man zu dieser Zeit noch Hochkultur nannte, sondern auch für Kulturhäuser, Zirkel schreibender Arbeiter, Theaterabonnements, Volkstanz, Auftragskunst und dergleichen. Sie sahen auf die Kultur aus einer gesellschaftlichen Perspektive von unten, aus der Sicht der Proletarier oder vielmehr der Kleinbürger, die sie ihrer Herkunft nach mehrheitlich gewesen und in ihrer Lebensführung geblieben waren. Eine Klassensicht, um es marxistisch zu bezeichnen.

Daran knüpften sich Verständigungsprobleme. Viele dieser alten Kämpfer und ihre neuen Mitstreiter meinten, jegliches Kulturschaffen gehöre in den Dienst der sozialistischen Erziehung.

Vom Maleratelier bis zum Filmstudio erwarteten sie Hilfestellung für die Überzeugungsarbeit gegen vermeintlich rückständige Verhaltensweisen, für Auseinandersetzungen mit dem Klassenfeind und Mitwirkung bei der Gestaltung der sozialistischen Zukunft.

Zu ihrem und der Kulturszene Unglück bewegten sie sich auf Feldern, auf denen ihnen die Kompetenz fehlte. Das Defizit wirkte noch weit in die Sechzigerjahre hinein, ehe Nachwuchs aus dem neuen Bildungssystem das Problem milderte.

Der Spott der Betroffenen war ihnen gewiss.

Johanna Grotewohl, die Frau des ersten Ministerpräsidenten, ruft bei Lotte Ulbricht an: »Kommst du mit, wir gehen zu Figaros Hochzeit?«
»Ach nein, ich kenne die Leute doch gar nicht.«

Empfang beim Ministerrat. Willi Stoph bittet Margot Honecker als Erste aufs Parkett. Sie zögert: »Ich wusste gar nicht, dass man Walzer auch zur Nationalhymne tanzen kann.«

Ulbricht mit Gefolge in der Dresdner Gemäldegalerie.
Er rätselt: »Das hier ist ein Rembrandt, ja, Genosse Museumsdirektor?«
»Nein, Herr Ulbricht, das ist ein Van Gogh.«
Nächstes Bild: »Und das ist auch ein Van Gogh, ja?«
»Nein, Herr Ulbricht, das ist jetzt ein Rembrandt.«
Der Pulk erreicht die Garderobe.

*Auch dort hängt etwas an der Wand. Ulbricht legt
den Kopf schief, erst auf die linke, dann auf die rech-
te Schulter.*
»Und das ist ein Picasso, ja?«
»Nein, Herr Ulbricht, das ist ein Spiegel.«

»Und das ist ein Van Gogh, ja?«
Walter Ulbricht mit Lotte Ulbricht (3. v. r.) bei der VI. Deutschen Kunstausstellung in Dresden, 1967

Ulbricht im Goethehaus Weimar.
*Ermüdet vom Vortrag des Museumsführers stiehlt
er sich in einen Nebenraum und lässt sich in einem
Sessel nieder.*
*Ein Mitarbeiter eilt herbei und sagt: »Das dürfen Sie
nicht, dort hat Goethe gesessen.«*
*»Nu, wenn der Genosse zurückkommt, stehe ich
sofort auf.«*

*Die Stadt Weimar plant ein zeitgemäßes Goethe-
Denkmal. Es gewinnt der Entwurf mit dem Titel
»Honecker liest Goethe«.*

Seitenwechsler

Die östlichen Nachbarn, die Polen, wurden um ihren größeren Freiraum im Kulturleben beneidet, solange die unabhängige Gewerkschaftsbewegung Solidarność noch legal wirkte. Nicht aber um ihren Lebensstandard. Polnische Hamsterer versorgten sich dank offener Grenzen ausgiebig in den besser bestückten Kaufhallen der DDR. Sie trugen, wo es zu privaten Begegnungen kam, offen ihren Stolz auf den polnischen Papst zur Schau. Daraus machten Spötter: *Der Geist ist billig, aber das Fleisch ist knapp.*

Das Geld der Polen hatte den Ruf einer Inflationswährung.

Wie tauscht man Złoty gegen Dollar und Pfund? – Ein Dollar = hundert Pfund Złoty.

Die eigentliche Differenz in der Gefühlslage aber fasste der Ostwitz so:

Zwei Hunde überqueren die Oder, einer vom deutschen, der andere vom polnischen Ufer kommend. In der Flussmitte begegnen sie sich.

»Was willst du denn in der DDR?«, fragt der deutsche den polnischen.

»Mich mal ordentlich satt fressen«, entgegnet dieser und fragt zurück: »Aber was willst du denn in Polen?«

»Mich mal richtig ausbellen.«

MEINUNGSBILDUNG

Was ist Meinungsaustausch? – Wenn du mit deiner Meinung zum Parteisekretär gehst und mit seiner zurückkommst.

Halt die Presse!

Das Kabarett *Die Distel* wagte in der Zeit des Mauerbaus ein Programm mit dem riskanten Titel *Halt die Presse!* Auf dem Plakat das Porträt der jungen Ellen Tiedtke, wie sie sich den Mund zuhält. In der Zeitung, bei der ich tätig war, fiel der Imperativ zahmer aus. Am Wochenende erschien die Seite *Vorsicht Satire!* Ein Titel mit Rückversicherung, betreut von Cobra.

Uns Mitarbeiter versorgte der Kneipengänger weiter mit dem, was ihm in der *Niquet-Klause* zu Ohren kam. Ein guter Witz, von ihm herbeigeschleppt, hob das Betriebsklima für den ganzen Tag.

Zum Beispiel dieser:

Kennedy und Chruschtschow werden sich auf ihrem Treffen in Wien nicht einig, wer die bessere Gesellschaftsordnung vertritt.

Sie beschließen, die Frage durch ein Autorennen rund um den Stephansdom zu klären. Kennedy gewinnt mit einer Reifenstärke Vorsprung. Am nächsten Tag melden die Tageszeitungen der DDR: »Bei einem international besetzten Autorennen gestern in der österreichischen Metropole Wien belegte unser verehrter Genosse Nikita Chruschtschow einen hervorragenden zweiten Platz, während der US-Präsident Kennedy nur Vorletzter wurde.«

Wir sammelten natürlich auch selbst. Eine lustvolle Erzählerin war Katja Lange, die später die DDR verließ und im Westen unter dem Namen Katja Lange-Müller literarischen Ruhm erwarb. Material fand sich genügend im politischen Leben.

Drei verblichene Weltbeweger – Cäsar, Dschingis Khan und Napoleon – haben die DDR besucht und bilanzieren, wovon sie am meisten beeindruckt sind.

Cäsar meint: »Die Staatssicherheit. Wenn ich einen solchen Apparat gehabt hätte – ich wäre nie ermordet worden und würde heute noch leben.«

Dschingis Khan befindet: »Die Mauer. Wenn sich Europa damals hinter so viel Beton verschanzt hätte – meine Reiterhorden hätten keine Chance gehabt.«

Napoleon hat die Tagesausgabe der Zeitung Neues Deutschland dabei und seufzt: »Wenn ich so eine Presse gehabt hätte – die Welt würde heute noch nicht wissen, dass ich die Schlacht bei Waterloo verloren habe.«

Was ist ein Ulb?

Mehr Zuspruch als die Tagespresse fand das Fernsehen. Im Jahr 56 offiziell gestartet, gewann es bald einen Spitzenplatz in der Freizeitgestaltung.

Über die Einschaltquoten für den heute noch legendären »Kessel Buntes«, für Krimiserien wie »Polizeiruf 110«, für Ratgebersendungen wie »Der Fernsehkoch empfiehlt« oder für Kindersendungen wie »Unser Sandmännchen« brauchten sich die Macher in Berlin-Adlershof nicht zu beklagen. Über Sportsendungen, in denen es bisweilen olympische Goldmedaillen regnete, schon gar nicht.

Den Kontrast lieferte die »Aktuelle Kamera«. Mit ihrem bisweilen nervtötenden politischen Protokoll erreichte die abendliche Nachrichtensendung – einem Gerücht unter Kollegen zufolge – nur eine streng geheim gehaltene Einschaltquote von null Komma sechs Prozent. Unter den Beteiligten ging der Spruch um:

Wir sind spezialisiert auf drei Arten von Nachrichten: wahre, wahrscheinliche und unwahrscheinliche. Zur ersten Kategorie gehört die Zeitansage, zur zweiten der Wetterbericht und zur dritten alles andere.

Jedes Jahr wurden zehn Fernsehlieblinge ermittelt. Nie war ein Politiker dabei. Walter Ulbrichts Bildschirmauftritte bekamen die Formatbezeichnung *Das Sandmännchen von Pankow.*

Überdies avancierte er zum Namensgeber für ein neues Längenmaß:

Was ist ein Ulb? Damit bezeichnet man die Distanz von der Couch bis zum Bildschirm, die du zurücklegen musst, um Ulbricht abzuschalten.

Ein anderer Ostwitz höhnte:

Im Fernsehturm gibt's ein Problem mit verstopften Toiletten. Doch sie haben eine Lösung: Sie pumpen die Scheiße abends in die Antennen, und wir haben sie auf dem Bildschirm.

Tal der toten Augen

Ausgleich bot das Umschalten auf Westsender. Doch das funktionierte nicht überall. Im Raum Dresden und Ostsachsen war Westempfang technisch auf lange Zeit noch nicht möglich.

Die Betroffenen bezeichneten ihre Region als Tal der toten Augen.

Ende der Sechzigerjahre, als das Farbfernsehen eingeführt wurde, verbreitete sich solcher Frust flächendeckend. Die Zuschauer im Osten mussten sich mit dem französischen System SECAM begnügen – eine vorbeugende Entscheidung, die den Empfang des im Westen gebräuchliche Systems PAL ausschloss. Erst Mitte der Siebzigerjahre wurden die nötigen Decoder auch in die Geräte aus Radeberg und Staßfurt eingebaut. Stillschweigend.

Die chronisch Unterversorgten im Tal der toten Augen mussten indessen noch weitere zehn Jahre warten bis ihnen endlich der Bau von Gemeinschaftsantennen erlaubt wurde.

In der Zwickmühle

Über den politischen Grundton in der Presselandschaft – heute heißt das Political Correctness – wachte die Abteilung Agitation des Zentralkomitees. In den Sechziger- und Siebzigerjahren lieferte diese täglich über Fernschreiber den Redaktionen eine sogenannte Argumentation mit der Empfehlung, diese in Kommentare umzusetzen.

Kaum ein Redakteur machte sich da gern ans Werk. Pseudonyme waren erlaubt, und so behalfen wir uns manchmal, indem wir den vorgegebenen Text, getarnt mit einer leichten Veränderung, weitgehend pur in Satz gaben, und zwar mit der Kennung: *Von Argus Zetkow*. Bis das untersagt wurde.

In den Achtzigern wurde die Agitationskommission von Heinz G. geführt. Jeden Donnerstag bekamen die Chefredakteure von ihm Anleitung für die Verbreitung von sozialistischem Optimismus und für die Auseinandersetzung mit dem Klassengegner. Zyniker nannten diese

Veranstaltung *Dr. G: Wollt ihr den totalen Sieg?* Ein böser Scherz, ein giftiges Spiel mit der Namensähnlichkeit zu Hitlers Propagandaminister Dr. Goebbels. Überdies ein Verstoß gegen die journalistische Grundregel: *No jokes with names.* Der Agitationschef war einer von der alten Garde, welche die Nazizeit in der Emigration überstanden hatte, einer von jenen, die nun auf die Überzeugungsarbeit einer gelenkten Presse für die Idee des Sozialismus setzten. Ein Effekt, der sich aber oft nicht einstellte. Dass er sich mit seiner angemaßten Besserwisserei, seiner Ruppigkeit und seiner arroganten Attitüde unbeliebt machte, gehört auf ein anderes Blatt.

Die Einschränkungen der Weltsicht, die uns verordnet waren, beförderten eine eigene Art von Branchenhumor, den wir mit einem gewissen Schamgefühl untereinander austauschten.

> *Fragt der Chefredakteur den für Protokollbericht-erstattung zuständigen Reporter, wie es beim Empfang für die sowjetische Partei- und Staatsdelegation zugegangen sei.*
>
> *»Wie immer«, sagt der.*
>
> *»Was haben die Redner in ihren Toasts gesagt?«*
>
> *»Nichts. Wie immer.«*
>
> *»Gut, dann mach dich ans Diktat. Aber nicht mehr als drei Seiten.«*

Blieben wir unter uns, in der Kantine oder am Stammtisch, nahmen wir den Mund gern voll, aber vor dem ideologischen Strafgericht haben wir uns natürlich gehütet. Kein despektierlicher politischer Witz fand den Weg auf die Satireseite. Was auch immer geschah: Der Journalismus litt. Für die Zwickmühle, in der wir uns befanden, fand sich der Sarkasmus:

> *Ein Journalist landet vor der Parteikontrollkommission, weil er sich einen falschen Zungenschlag*

erlaubt hat. »*Na gut*«*, entscheidet das Gremium,*
»*weil du eine flotte Feder führst, darfst du in der
Partei bleiben.*«
»*Na gut*«*, stöhnt der Sünder,* »*ich nehme die Strafe
an.*«

Bückware gefällig?

Freizügiger als die Tageszeitungen, weniger dem Kon-
trollblick des Zentralkomitees ausgesetzt, bewegten
sich die auf Unterhaltung ausgerichteten Wochen- und
Monatspublikationen wie *Das Magazin,* die Modezeit-
schrift *Sibylle* und das Kulturblatt *Sonntag.*
So auch die mit mehr als einer Million Exemplaren er-
scheinende *Wochenpost.* Jedoch das Papier reichte nie
für eine marktgerechte Auflage. Kunden am Kiosk kamen
oft zu spät. Um sich lästiger Nachfragen zu erwehren,
ersann eine Zeitungsverkäuferin im Berliner S-Bahnhof
Alexanderplatz einen Ausweg.
Donnerstags, wenn das Blatt angeliefert war, stellte sie
ein Schild auf: »Wochenpost ausverkauft«. Das Zeichen
für die Stammkunden: Jetzt ist sie da!
Gelegenheitskäufer fragten da gar nicht erst, die Ein-
geweihten dagegen nutzen einen Code: »Bitte eine
Prawda!« Wenn diese Worte fielen, griff die Verkäuferin
ein *Neues Deutschland* vom Stapel, bückte sich und
schob unter dem Tresen eine *Wochenpost* hinein. Für
den Doppelpack, der nicht mehr als fünfzig Pfennig
Verkaufswert hatte, gaben die Bevorzugten gern eine
ganze Mark aus.
Bückware – so nannte man damals alles Mögliche an
Waren des täglichen Bedarfs, was unter dem Laden-
tisch verkauft wurde. Diese Zeitung gehörte dazu. Die
Geschichte vom Kiosk am Alexanderplatz ist nicht ver-

bürgt. Klaus Polkehn, stellvertretender Chefredakteur, der das Buch *Das war die Wochenpost* schrieb, erzählte sie dennoch gern.

»Eine Prawda, bitte!«
Zeitungskiosk in Leipzig, 1966

DER TITANIC-KOMPLEX

*Schulstunde in Erdkunde, Thema: die fünf
Kontinente. Ein Schüler fragt:* »*Und wo liegt
die DDR?*« *Der Lehrer markiert einen winzi-
gen Kreis auf dem Globus. Der Schüler:* »*Weiß
das der Honecker?*«

Vier Großmächte

Seit Mitte der Siebzigerjahre, seit Honecker – flankiert
vom amerikanischen Präsidenten Gerald Ford und von
Bundeskanzler Helmut Schmidt – die legendäre Helsinki-
Akte, die Schlussakte der Konferenz über Sicherheit und
Zusammenarbeit in Europa, abgekürzt KSZE, unterzeich-
net hatte, kursierte die Frage:

*Kennst du vier Großmächte mit dem Anfangsbuch-
staben U. – Antwort: USA, UdSSR, United King-
dom und Unsere souveräne sozialistische Deutsche
Demokratische Republik.*

Dazu hier ein Eigenzitat aus der *Neuen Berliner Illustrierten* vom Frühjahr 90 (27/90): »Dieses Land hatte einen
Titanic-Komplex. Sieger der Geschichte sollten wir alle
werden: die treuesten Sachwalter des humanistischen
Erbes, die fleißigsten Werktätigen im sozialistischen
Lager, die solidarischsten Deutschen in der Dritten Welt,
das Staatsvolk mit den schnellsten Beinen auf den Tar-
tanbahnen und den schönsten Mädchen auf dem Eis. Es
war die größte DDR der Welt, und die Uhren der selbsternannten Avantgardisten gingen am schnellsten.«
Ja, so bilanzierten wir das damals, als der Beitritt zur
Bundesrepublik anstand, das Ende der jahrzehntelangen
Anstrengungen um die internationale Anerkennung der

»Kennst du die vierte Großmacht mit U?«
Helmut Schmidt, Erich Honecker und Gerald Ford (v. l.)
in Helsinki, 1975

DDR. Es hatte nicht gereicht. Zum dritten Mal im zwanzigsten Jahrhundert ging ein deutscher Staat unter. Nach dem Kaiserreich und dem Dritten Reich die Deutsche Demokratische Republik.

Das Außenmysterium

Die Siebzigerjahre hatten trügerische Hoffnungen geweckt. Der Kalte Krieg flaute etwas ab. Die DDR fand weltweit diplomatische Anerkennung. Auch westliche Länder schickten nun Botschafter nach Berlin. Den Beamten des Ministeriums für Auswärtige Angelegenheiten öffneten sich ganz neue Arbeitsfelder, so die Betreuung eines Diplomatischen Corps in Bataillonstärke und Staatsbesuche von Tokio bis Mexiko-Stadt. Die alte Geheimniskrämerei aber hielt sich. Im Journalistenjargon hieß das Hochhaus am Marx-Engels-Platz *Außenmysterium*.

Manchmal sickerten dennoch Interna durch. Für Honeckers kommunikative Reiseausstattung galt: keine großen Dolmetscher und keine schlechten Nachrichten. Was Spötter nicht daran hinderte, solche zu erfinden:

Aus Luanda meldet der Botschafter Unklarheiten bei der Einreise einer Ärztegruppe in Angola. Der Zoll hat die Koffer öffnen lassen. Obenauf in jedem eine Partie Chinin.

»Wogegen ist das?«

»Gegen Malaria.«

Darunter eine Packung Ampullen.«

»Und das?«

»Gegen Kopfweh.«

Ganz unten ein Bild von Erich Honecker.

»Und das?«

»Gegen Heimweh.«

Unterdessen wurden den Diplomaten auch Probleme bei der Heimarbeit angedichtet.

Auf dem Flughafen Berlin-Schönefeld ist ein Israeli gestrandet und braucht Betreuung. Er spricht weder Englisch noch Deutsch. Das Außenministerium sucht und findet einen des Jiddischen Kundigen. Die beiden kennen sich aus der Zeit ihrer Emigration und tauschen Familiennachrichten aus.

»Wie geht's den Kindern?«

»Der erste Sohn lebt in Berlin.«

»Und was macht er hier?«

»Baut den Sozialismus auf.«

»Und die erste Tochter?«

»Lebt in Warschau.«

»Und was macht sie dort?«

»Baut den Sozialismus auf.«

»Und der zweite Sohn?«

»Lebt in Prag.«

»Und was macht er dort?«

»Baut den Sozialismus auf.«

»Und die zweite Tochter?«

»Lebt in Israel.«

»Na und? Baut sie auch den Sozialismus auf?«

»Bist du meschugge? Im eigenen Land?«

In- oder Ausland?

Schwierig wurde es mit der Handhabung des Begriffs Deutschland. Seit die Mauer stand, hatte sich der in den Fünfzigerjahren noch gepflegte Gedanke an die deutsche Einheit nicht mehr aufrechterhalten lassen. Die Wiedervereinigung wurde auf unabsehbare Zeit abgeschrieben, die DDR definierte sich als eigenständiger und souveräner sozialistischer Staat deutscher Nation. Für die andere Seite, für den anderen deutschen Staat, benutzte man den Ersatzbegriff Bonn und das Kürzel BRD. Oder hilfsweise Westdeutschland.

Der Anspruch, die deutsche Einheit zu retten, formuliert in der Gründungsurkunde der DDR, wurde nicht mehr propagandistisch verfolgt. Der Name Deutschland galt nur noch als geografischer und historischer Begriff. Für die Tageszeitungen hieß das: Umbau der aktuellen Nachrichtenseiten. Bisher hatte das Prinzip gegolten: Seite eins: gemischt; Seite zwei: Deutschland; Seite fünf: Ausland. Bei dem Blatt, wo ich arbeitete, wurde ich Zeuge, welche Mühe der Chefredakteur hatte, uns Redakteure umzugewöhnen, nämlich dahingehend, dass Nachrichten mit der Quellenangabe Bonn nicht mehr auf die zweite, sondern auf die fünfte Seite gehörten. Das Gebiet jenseits der Mauer wurde verschoben ins Ausland.

Territorialfragen

Der kleinere deutsche Staat versuchte auf verschiedene Weise, größer zu erscheinen als er war. Statistiker errechneten, dass die DDR zur zehntstärksten Industriemacht der Welt aufgestiegen sei.

Damals grassierte in Ostberlin samt Umland eine Ruhrepidemie. Am Stammtisch kursierte die Witzelei: *Wusstest du schon, dass wir Gebietszuwachs zu verzeichnen haben? Das Ruhrgebiet!* Für alte Klassenkämpfer eine Pointe mit doppeltem Effekt. In Erinnerung an den revolutionären Aufruhr im Ruhrgebiet nach dem Ende des Ersten Weltkriegs setzten sie hinzu: *Nur um Essen wird noch gekämpft.*

Später dagegen, Anfang der Siebziger, fand sich die DDR ab mit einem territorialen Verlust. Entlang der Grenze in und um Berlin wurden Gebietsteile ausgetauscht, die von der Mauer blockiert und deshalb beiderseits lästig geworden waren.

Territorial machte der Osten dabei ein Minus von zehn Hektar. Zum Ausgleich zahlte die Bundesrepublik sechsundsiebzig Millionen Westmark. Rechenkünstler ermittelten schon mal, was es bringe, wenn man die DDR im Stück aufkaufe. Eine Summe von mehreren Billionen Mark. Das, so bilanzierte der Ostwitz, werde dem Bundesfinanzminister wohl zu teuer. Stattdessen erfand er andere Superlative:

Der Vatikan will Leipzig auszeichnen als frömmste Stadt im Osten. Zweimal im Jahr Messe, der Rest ist Fasten.

Ulbricht und Honecker bekommen den Nobelpreis für Medizin: Sie haben aus dem Herzen Europas den Arsch der Welt gemacht.

Wrackverwerter

Als das Wrack des Luxusliners Titanic am Grunde des Atlantiks geortet worden war, im Jahr 85, steckte die vierte Großmacht mit U schon tief in wirtschaftlichen Schwierigkeiten. Da hieß es:

Reagan, Gorbatschow und Honecker verhandeln, was jeder von den Schätzen der untergegangenen Titanic beanspruchen kann, falls das Wrack gehoben wird.

Reagan: »Für mich die Wertpapiere und die Brillanten aus dem Tresor. Ich will damit meine Hochzinspolitik finanzieren.«

Gorbatschow, dem soeben zwei Schiffe im Schwarzen Meer verloren gegangen sind, beansprucht das Navigationssystem.

Honecker: »Und für mich die Noten der Kapelle, die noch gespielt hat, als ihr das Wasser schon bis zum Halse stand.«

DIE RUSSEN

Anfrage bei der Gesellschaft für Deutsch-Sowjetische Freundschaft: Sind die Russen unsere Freunde? Auskunft: Sie sind unsere Brüder, Freunde kann man sich aussuchen.

Uhren aus Moskau

Zu keinem anderen Land erfuhr der DDR-Bürger so viel über Kultur und Geistesleben, über Revolutionsgeschichte und Politik wie über die Sowjetunion. Doch in den Fünfzigerjahren waren Russenwitze noch geprägt von Distanz und Gehässigkeit. Man kannte ja die Kriegssieger kaum. Hinter den Kasernentoren der Besatzungsmacht lag eine andere Welt.

Welche Nationalität besaßen Adam und Eva? – Es waren Russen. Sie hatten kein Haus, sie hatten nichts anzuziehen, doch sie glaubten, sie leben im Paradies.

Vor einem Uhrengeschäft wartet eine lange Schlange. Eine Sendung Uhren aus Moskau ist eingetroffen. »Ach«, sagt ein älterer Passant, »da stelle ich mich auch an. Vielleicht ist meine dabei.«

Ein Soldat der Sowjetarmee erzählt beim Manöver: »Unsere Taiga ist der größte Wald der Welt. Gehst du hinein, kommst du erst nach Wochen wieder heraus.«
Ein Soldat der Nationalen Volksarmee entgegnet: »Unsere Taiga ist größer. Da seid ihr 45 rein und bis heute nicht wieder raus.«

Drei Fahrgäste in einem Eisenbahnabteil: ein Russe, ein Ungar und einer aus der DDR.

Der Russe holt eine Flasche Wodka aus dem Gepäck, trinkt einen Schluck und wirft sie aus dem Fenster.

»Warum das?«, fragt der Deutsche.

»Davon haben wir zu viel.«

Der Ungar packt eine Salami aus, beißt ein Stück ab und wirft sie aus dem Fenster.

»Warum das?«, fragt der Deutsche erneut.

»Davon haben wir zu viel.«

Der Zug fährt durch einen Tunnel und als er das Tageslicht wieder erreicht, fehlt der Russe. Sagt der Deutsche: »Davon haben wir zu viel.«

»Pankoff« und Wandlitz

Die führenden Politiker in der DDR wurden aus dem Westen politisch angefeindet als Russenknechte. Es war noch ein weiter Weg für die Bundesrepublik bis zu der auf Verständigung ausgerichteten Tonlage der Brandt-Regierung in den Siebzigerjahren. Konrad Adenauer, der erste Bundeskanzler, sprach nur von den »Machthabern in Pankoff«, was sich auf den eingemauerten, provisorischen Wohnsitz im Norden Berlins bezog, genannt Städtchen, den Vorläufer der später eingerichteten Waldsiedlung bei Wandlitz. Der Ostwitz tat sein Gift hinzu.

Auf dem Arbeitstisch von Walter Ulbricht stehen vierundzwanzig Telefone. Woran erkennt er die Direktleitung nach Moskau? Sie hat nur eine Hörmuschel.

Warum benutzen sie im Zentralkomitee zweilagiges Klopapier? – Die schicken doch jeden Scheiß nach Moskau.

*Honecker geht bei Sonnenschein mit einem Regen-
schirm spazieren. Ein Passant macht ihn aufmerksam, dass es gar nicht regnet. »Hier vielleicht nicht,
aber in Moskau.«*

*Wie interpretiert man das DDR-Emblem? An einem
schwarzen Tag kam die Rote Armee und es wurden
uns goldene Zeiten versprochen. Jetzt müssen wir
ganz schön zirkeln, damit wir nicht unter den Hammer kommen und mit (Ä)Ehren weiterleben.*

Halbe, halbe

Das Verhältnis zu den Russen änderte sich in dem Maße,
wie personeller Austausch in Gang kam: Studienplätze
in der Sowjetunion, Touristenreisen, Briefkontakte, über-
greifende Wirtschaftsprojekte, Künstlerbegegnungen,
Funktionärsfreundschaften. Jedoch: Die große, unver-
brüchliche, immer wieder beschworene Bruderliebe wies,
wie man weiß, viele Defizite auf. Auch aus der Sicht der
führenden Genossen, die so oft ihr Anpassungsvermö-
gen bemühen mussten.

*Tagung der Kommunistischen Parteien aus aller
Welt in Moskau. Auf jedem Stuhl liegt eine Reiß-
zwecke. Kommt der Franzose und schnipst sie hin-
unter. Kommt der Jugoslawe und legt das störende
Stück vorsichtig zur Seite. Kommt der Vertreter aus
der DDR, setzt sich drauf und sagt: »Nu, die Genossen werden sich schon was dabei gedacht haben.«*

Im Gedächtnis der Nachkriegsgeneration hielten sich
lange die Erinnerungen an die Reparationsverpflichtun-
gen gegenüber der Sowjetunion, die der Osten allein
zu tragen hatte, die Demontagen in den Maschinenhal-
len und insbesondere die sogenannten Sowjetischen

Aktiengesellschaften, welche die Hauptlast der Reparationen zu tragen hatten. Wirtschaftlich fühlte man sich auch später oft übervorteilt.

Beim Aushub an der Erdgastrasse Druschba finden Bauarbeiter einen Goldklumpen. »Teilen wir brüderlich«, schlägt der Russe vor.

»Nein, nein, halbe-halbe«, verlangt der Deutsche.

Staatspräsident Breschnew kehrt von einem Besuch aus der Mongolischen Volksrepublik zurück und berichtet gut gelaunt: »Ich habe ihnen fünf Zementfabriken versprochen, zehn Kraftwerksausrüstungen und zwanzig Hochseeschiffe.«

Ministerpräsident Kossygin erschrickt: »Das können wir doch gar nicht stemmen. Was macht dich da so fröhlich?«

»Ich stelle mir das Gesicht von Honecker vor, wenn ich nachher mit ihm telefoniere und sage, dass er das zu liefern hat.«

Ein Reporter am Kai des Überseehafens Rostock befragt den Kapitän eines auslaufenden Schiffes:

»Wohin geht die Fahrt?«

»Nach Kuba.«

»Was nehmt ihr mit?«

»Fahrzeuge und Maschinen.«

»Und wie kommt ihr zurück?«

»Mit Zitronen und Rum.«

»Und der nächste Törn?«

»Geht nach Afrika.«

»Was nehmt ihr mit?«

»Fahrzeuge und Maschinen.«

»Und wie kommt ihr zurück?«

»Mit Bananen und Kaffee.«

»Und dann?«
»Nach Leningrad.«
»Was nehmt ihr mit?«
»Zitronen, Rum, Bananen und Kaffee.«
»Und womit kommt ihr zurück?«
»Mit dem Zug.«

Kann es sein, dass die USA eines Tages sozialistisch werden? – Um Himmelswillen! Wir können nicht zwei Großmächte ernähren.

Keine Möbel, keine Schuhe

Häufig geisterten Anspielungen auf russische Lebens-verhältnisse durch die ostdeutsche Witzlandschaft, beladen mit Vorurteilen und Klischees wie kaum für andere Ausländer. Manchen brachten die Betroffenen auf ihren Dienstreisen selbst mit.

Igor W., ein russischer Fotografenkollege, der im Moskauer Büro für Korrespondenten aus der DDR arbeitete, kam manchmal auf Einkaufstour nach Berlin und hatte einen Wunschzettel dabei. Einmal stand darauf das Wort Schuhe. Zur Begründung erklärte er uns:

In Moskau geht nachts das Gerücht um, im Groß-kaufhaus GUM sei eine Lieferung Schuhe eingetroffen. Im Morgengrauen reicht die Schlange schon bis zum Leninmausoleum.

Ein Mitarbeiter erscheint und teilt mit: »Genossen Bürger, es wird nicht reichen. Alle Juden nach Hause.«

Die Reihe lichtet sich.

Kurz darauf ist der Mann wieder da: »Ihr seid immer noch zu viele. Alle Kasachen, Usbeken, Kirgisen und Tadschiken nach Hause.«

Dann müssen auch alle Georgier, Aserbaidschaner und Armenier gehen. Schließlich sind die Letten, Litauer und Esten dran. Zuletzt die Ukrainer und die Belorussen.

Pünktlich um acht Uhr öffnet das GUM, geblieben sind nur die Russen. Der Direktor persönlich erscheint: »Genossen Bürger, mein Mitarbeiter hat sich geirrt. Wir haben gar keine Schuhe.«

Ganz vorn ein steinalter Russe, der in seinen Bart murmelt: »Alles kann ich verstehen, nur nicht, warum bei uns die anderen Nationalitäten immer bevorzugt werden.«

Wir wollten Igor nicht entmutigen, traktierten ihn aber doch mit unserer eigenen Version zum Thema Schuhe. Soeben hatte in Berlin am Alexanderplatz das Centrum Warenhaus eröffnet.

Der alte Bau auf der gegenüberliegenden Seite war nur noch auf Möbel spezialisiert. Das hatte sich nicht überall herumgesprochen.

Ein Besucher aus dem Umland durchstreift das alte Warenhaus. Von der ersten bis zur vierten Etage findet er nicht das, wonach er sucht. Schließlich fragt er: »Gibt's hier keine Schuhe?«

Der Verkäufer: »Hier gibt's keine Möbel. Keine Schuhe gibt's da drüben.«

Reiseerinnerungen

Eine Interflug-Maschine im Anflug auf Moskau. An Bord eine Delegation der Gesellschaft für Deutsch-Sowjetische Freundschaft. Die Stewardess mahnt: »Bitte schnallen Sie ihre Gurte enger.«

Der Reiseleiter begehrt auf: »Bitte, betreiben sie hier keine antisowjetische Propaganda!«

Im Moskauer Souvenirladen Berjoska (zu Deutsch: Birkchen) florierte der Verkauf von Volkskunst. Vor dem Rückflug gab mancher Tourist dort gern seine restlichen Rubel aus.

Ein Heimreisender möchte etwas typisch Russisches. Der Verkäufer empfiehlt ihm die Holzpuppe Matrioschka, deren Einzelstücke man ineinanderstecken kann. Dem Kunden ist das zu schlicht, das kauft ja jeder. »Haben Sie nicht etwas Ausgefalleneres, das die Weite der russischen Landschaft ausdrückt?«

Der Verkäufer, im Flüsterton: »Gewiss, aber nur aus Privatbeständen. Ein sibirisches Klosett.«

»Oh ja, genau das Richtige für meine Datsche in der Uckermark«, freut sich der Kunde.

Der Verkäufer begibt sich nach hinten und kommt zurück mit zwei Stangen.

»Und wo bleibt das sibirische Klosett?«

»Das ist doch eins. Eine Stange rammen Sie in die Erde und halten sich dran fest, mit der anderen jagen Sie die Wölfe weg.«

Väterchen Alkohol

In einer Mischung von Selbstgerechtigkeit und Mitgefühl besah der Ostdeutsche die russischen Trinkgewohnheiten.

Chruschtschow zu Besuch in Ostberlin. Gern möchte er einmal inkognito in Westberlin bummeln. Aber er befürchtet, dass er dort Schwierigkeiten bekommen könnte mit Alkoholisierten. Der Regierende Bürgermeister Willy Brandt zerstreut diese Bedenken. Er bietet an, der Gast dürfe seine Kalaschnikow mitbringen und jeden, der sich ihm betrunken in den Weg stellt, niederschießen. Am nächsten Tag erscheint die Boulevardpresse mit der Schlagzeile: »Glatzköpfiger Gangster erschießt in einer Nacht gesamte sowjetische Gewerkschaftsdelegation.«

Sibirien, das ferne raue Land hinter dem Ural, beflügelte die Fantasie zusätzlich.

Ein Angler am Baikalsee hat einen goldenen Fisch gefangen. Der Fisch beschwört ihn: »Wenn du mich nicht in die Pfanne haust, hast du drei Wünsche frei.« Der Angler zögert nicht. »Der ganze See soll Wodka sein.«

»Charascho«, sagt der Fisch, und schon ist es geschehen. »Und dein zweiter Wunsch?«

»Ach ja, in der Schule habe ich gelernt, dass der Baikal dreihundertsechsunddreißig Zuflüsse hat. Da wird der Wodka ja ständig verdünnt. Mach, dass auch die Zuflüsse Wodka führen.«

Ein zweites Mal zaubert der Fisch und ermahnt den Angler: »Jetzt hast du nur noch einen Wunsch übrig. Überlege es dir genau.«

»Ach was«, sagt der Angler, »da muss ich nicht lange nachdenken. Stell noch 'ne kleine Flasche am Ufer dazu.«

Transportkomfort

Bei vielen Leuten gingen die von Annäherung geprägten Gefühle schon wieder kaputt, als sowjetische Truppen im Jahr 68 in der Tschechoslowakei einmarschierten, um die Bewegung des Prager Frühlings niederzuwerfen. Davon zeugt dieser bittere Ostwitz:

Ein DDR-Bürger und ein Sowjetbürger tauschen sich darüber aus, welches Transportmittel sie bevorzugen.

»Zum Einkaufen fahren wir mit dem Trabant«, sagt der Deutsche, »zum Theater nehmen wir den Bus, und wenn wir Freunde im Ausland besuchen wollen, nehmen wir das Flugzeug.«

»Bei uns ist das einfacher«, sagt der Russe, »zum Einkauf gehen wir zu Fuß, zur Oper fahren wir mit dem Traktor und Freunde im Ausland besuchen wir mit dem Panzer.«

Siebentageschock

In den quälend langen Jahren vor Gorbatschow, als immer deutlicher wurde, wie die politische Führung in Moskau vergreiste, kommentierte man die Parteitagsbilder aus Moskau so:

Punkt eins der Tagesordnung: Das Präsidium wird hereingetragen.

Punkt zwei: Die Herzschrittmacher werden synchronisiert.

Punkt drei: Gemeinsamer Gesang des Liedes »Vorwärts, du junge Garde des Proletariats«.

Es gab dann immer weniger solche Witze – als ob mit dem System auch das Interesse am Großen Bruder ganz allgemein erlahmte. Erst als der Gorbatschow-Schock das Politbüro in Berlin erreichte und aus Moskau die Begriffe Glasnost und Perestroika, zu Deutsch: Transparenz und Umbau, herüberschwappten, erwachte wieder die deutsch-sowjetische Spottlust und richtete die Spitzen nun gegen die Irritierten im eigenen Haus.

Honeckers Friseur fragt nach der Bedeutung der Worte Glasnost und Perestroika und bekommt Redeverbot. »Schade um meine Arbeit«, sagt der Bedienstete, bevor er verstummt. »Bei diesen Worten standen Ihnen die Haare immer so schön zu Berge.«

Gott bestellt Honecker und Gorbatschow zu sich, um ihnen zu verkünden: »In sieben Tagen geht die Welt unter.«

Zurück in Moskau beruft Gorbatschow den Obersten Sowjet ein und teilt mit: »Towarischtschi, ich habe zwei schlechte Nachrichten: Gott gibt es wirklich, und in sieben Tagen geht die Welt unter.«

Honecker kehrt zurück, versammelt das Zentralkomitee in Berlin und berichtet: »Genossen, ich habe zwei gute Nachrichten: Gott respektiert mich, und in sieben Tagen ist es mit der Perestroika vorbei.«

»In sieben Tagen ist es mit Perestroika vorbei.«
Michail Gorbatschow und Erich Honecker am 7. Oktober 1989 in Berlin

DIE CHINESEN

In Peking wird während der Siebzigerjahre an einem neuen Lexikon gearbeitet. Der Textvorschlag für den Eintrag »DDR« lautet: Kleines, zänkisches Bergvolk am Rande der Volksrepublik China.

Wippenspringer

China, das Land des Lächelns, galt in der allgemeinen Wahrnehmung der Fünfziger- und der frühen Sechzigerjahre als revolutionärer Ameisenhaufen. Ein Entwicklungsland, ausgestattet mit einer Milliardenbevölkerung und einem unermesslichen Potenzial an Naturschätzen. Gesegnet mit den Lehren von Konfuzius bis Mao. Und mit asiatischer Geduld. Wird schon mal was werden.

Wie heißt der chinesische Ernährungsminister? – Mir Ham Hung.

Wie heißt der chinesische Außenminister? – Wat'n Nu.

Warum ist es den Chinesen nicht gelungen, einen Satelliten in die Erdumlaufbahn zu befördern? – Weil der siebenhunderttausendzweihunderteinundachtzigste Chinese eine Zehntelsekunde zu spät auf die Wippe gesprungen ist.

Gespenst am Ussuri

Die sowjetische Geostrategie wies dem Koloss in Fernost einen Platz als Hinterland des sozialistischen Lagers zu. Das änderte sich schlagartig im Frühjahr 69, an einem Werktag, es war der zweite März gegen neunzehn Uhr – ich weiß es noch genau. Wir hatten die Zeitung für den kommenden Tag fast fertig, eine Art Sonderblatt, weitflächig belegt mit Mitteilungen zu einem geplanten sowjetischen Militärmanöver in Brandenburg, wofür die Zufahrtsstraßen nach Westberlin gesperrt werden sollten. Es war die Zeit des Kalten Krieges in Europa. Da erschien leichenblass der Chefredakteur Dieter K. im Nachrichtenraum und ordnete an: »Alles kommt raus, das Manöver ist abgesagt.«

Wir wenigen Abendredakteure, im Rattern des Fernschreibers arbeitend, glaubten, nicht recht gehört zu haben. Nun aber mussten wir binnen drei Stunden drei Nachrichtenseiten mit völlig neuem Material stopfen und die Ausgabe in ein Normalblatt zurückverwandeln.

Der eigentliche Grund verbarg sich in einer Zwölfzeilenmeldung: Am anderen Ende der sozialistischen Welt, am Fluss Ussuri, hatten sich chinesische und sowjetische Grenzsoldaten ein Feuergefecht geliefert. Ein seit langem schwelender Konflikt war offen ausgebrochen. Am Ussuri geisterte das Gespenst eines Zweifrontenkrieges. Moskau war gewarnt und drehte in Europa erst mal zurück.

Mao-Tse-tung-Platz

Die chinesische Gefahr geriet schnell zu einem Thema des politischen Gespötts. Neben den neuen Propagandainstruktionen gelangten auch die ersten neuen russischen Witze nach Berlin.

Abends im Kreml, die Wache meldet: »Auf dem Roten Platz versammeln sich Menschen.«
Breschnew unwirsch: »Klar doch, die wollen morgen früh rechtzeitig ins Leninmausoleum.«

Mitten in der Nacht neue Meldung: »Der Rote Platz ist halbvoll von Menschen.« Das wird aber nicht weitergeleitet, denn der Partei- und Staatschef schläft schon.

Bei Sonnenaufgang wieder ein Anruf: »Der Rote Platz ist voll von Menschen.«

Breschnew, vorzeitig geweckt, raunzt: »Was ist daran so wichtig?«

»Die Menschen essen!«

»Na und? Warum werde ich mit dieser Nichtigkeit belästigt?«

»Sie essen mit Stäbchen.«

Als der Propagandakrieg zwischen Moskau und Peking immer heftiger wurde, reflektierte auch der Ostwitz aufkeimende Angstgefühle:

Treffen sich im Jahr 2000 zwei Berliner auf dem Mao-Tse-tung-Platz, früher Marx-Engels-Platz. Gekleidet in blauem Mao-Look, an den Füßen Bastschuhe. Raunt der eine dem anderen zu: »Det wal'n noch Zeiten, wa, als die Lussen noch in Bellin wal'n, wa!«

Kenner des Romans *1984* von George Orwell empfahlen schon mal Anpassung an neue weltpolitische Machtverhältnisse:

Was macht ein Pessimist? – Er lernt Englisch.

Was macht ein Optimist? – Er lernt Chinesisch.

VISIONEN

Anfrage an Radio Jerewan:
Gibt es einen Unterschied zwischen einem
Volksmärchen und einem sozialistischen
Märchen? – Im Prinzip ja. Das Volksmärchen
beginnt mit »Es war einmal«. Das sozialis-
tische Märchen beginnt mit »Es wird einmal«.

Fußlappenlektion

Zur reinen Lehre vom gesetzmäßigen gesellschaftlichen Fortschritt, zum marxistischen Vertrauen auf eine
sozialistische Perspektive für die ganze Welt gehörte der
Glaubenssatz vom Vorbildcharakter der Sowjetunion. Jedoch: Zwei Importwitze aus dortiger Quelle säten Zweifel.

In einem sibirischen Kolchos verstehen die Leute
nicht, was mit dem Begriff Kommunismus gemeint
ist. Sie schicken ihren Parteisekretär in den Kreml zu
Breschnew. Der Führer der Kommunistischen Partei
der Sowjetunion führt seinen Gast ans Fenster und
weist in den Hof des Kremls. »Was siehst du dort
unten stehen?«

»Zwei Mercedes. Der eine gehört mir, der andere
dem Ministerpräsidenten Kossygin. Und wenn eines
Tages dein Mercedes dazwischen steht, haben wir
Kommunismus.«

Der Parteisekretär kehrt in sein sibirisches Dorf zu-
rück und versammelt die Kolchosbauern am Fenster
seiner Holzhütte. »Was seht ihr da draußen auf der
Leine hängen?«

»Die Fußlappen, die du auf deiner Reise benutzt
hast.«

»Und daneben?«

»Die Fußlappen des Genossen Kolchosvorsitzenden.«

»Und wenn die Fußlappen des Genossen Breschnew eines Tages dazwischen hängen, haben wir Kommunismus.«

Lenin emigriert

Sowjetischen Wissenschaftlern ist die Erfindung einer Substanz gelungen, die Tote ins Leben zurückholen kann. Wer ist würdiger, die erste Dosis verabreicht zu bekommen, als Lenin, der Revolutionsführer und Schöpfer des Sowjetstaates?

Das ganze Politbüro versammelt sich zu dem heiligen Experiment im Leninmausoleum. Die greise Mannschaft positioniert sich um den Sarkophag und tatsächlich: Der Einbalsamierte erwacht.

»Voller Stolz, Genosse Lenin«, sagen die Revolutionserben, »möchten wir dir unser schönes neues Moskau zeigen. Wir laden dich ein zu einer Rundfahrt. Jedoch: Eile ist geboten, denn die belebende Wirkung der Droge hält nur vierundzwanzig Stunden.« Und so geschieht es.

Dreiundzwanzig Stunden später, letzte Station: der Rote Platz, Leninmuseum. Der Erweckte möchte noch einmal an seinen einstigen Arbeitstisch, um eine Botschaft an die Nachfolger zu formulieren. Und zwar allein.

Die Zeit läuft ab, und Lenin erscheint nicht wieder. Die Begleiter brechen die Tür auf – kein Lenin mehr da. Auf dem Tisch eine Notiz: »Bin unterwegs in die Schweiz. Fange mit der Revolution noch mal von vorn an.«

Roter Rauch

Der Volkswitz in der DDR hielt auch eine gegenteilige Lösung parat, und zwar indem er sich einer von Walter Ulbricht gern gebrauchten Floskel über die segensreiche Wirkung des Kompromisses bediente:

Das Jahr 2000. Alle Länder sind sozialistisch geworden, nur Vatikanstadt fehlt noch. Die drei maßgeblichen Welterlöser Chruschtschow, Mao und Ulbricht kommen am Petersplatz in Rom zusammen, um den historischen Prozess zu vollenden.

Zuerst versucht es Chruschtschow. Mit den Beschlüssen vom letzten Parteitag unterm Arm macht er sich auf zum Papst. Erfolglos kehrt er zurück: »Ich habe ihm den kommunistischen Himmel auf Erden versprochenen, aber der Heilige Vater verlässt sich lieber auf seinen Gott.«

Mao macht sich auf und bahnt sich mit den Ellenbogen den Weg durch die Schweizer Garde. Es rumpelt im Lateran, die Fensterscheiben klirren, und als er wieder erscheint, ist sein blauer Einheitsanzug zerrissen: »Ich habe ihn beschimpft, bedroht und verprügelt. Aber den lieben Gott lässt er sich auch mit den Methoden der Kulturrevolution nicht austreiben.«

Nun ist Ulbricht gefordert. Es dauert nicht lange, da steigt dort, wo sonst weißer Rauch die Wahl eines neuen Papstes verkündet, roter Rauch aus dem Schornstein.

»Wie hast du das geschafft?«, wundern sich Chruschtschow und Mao.

»Habe Kompromiss gemacht: Gut, der liebe Gott hat die Welt erschaffen, aber unter Führung der Partei.«

JÄGER UND SAMMLER

*Ein Papagei ist entflogen. Unverzüglich ruft
der Besitzer bei der Staatssicherheit an:
»Ich möchte nur mitteilen, dass ich die Ansich-
ten meines Vogels nicht teile.«*

Stimmungsbarometer

Witze sammeln – das ist nicht in jedem Falle eine Hobby-
beschäftigung, sondern mitunter auch Angelegenheit
von Profis.

Dafür unterhalten Geheimdienste eigene Dossiers, eine
andere Art von Politbarometer. In der Zeit des Kalten Krieges machte da auch der Bundesnachrichtendienst keine
Ausnahme.

Den Erkenntnisgewinn aus dem, was Spaßvögeln, Ulk-
nudeln und Scherzkeksen im Osten abzulauschen war,
schickte man bis ins Bundespräsidialamt und ins Bun-
deskanzleramt. Dort wurde der Ertrag jedoch meist als
gering eingestuft.

Anders offensichtlich die Ausbeute beim Ministerium für
Staatssicherheit der DDR. In Tausenden Akten von Ope-
rativen Kontrollvorgängen sind Witze verzeichnet, die
beobachtete Personen leichtfertig von sich gaben. Das
floss ein in die Bewertung der Observierten, insbesondere wenn Aktivitäten von Dissidenten oder Fluchtvorbe-
reitungen vermutet wurden.

Allerdings: Eine systematisierte Sammlung dafür gab es
offenbar nicht. Eine solche ist bei den Aufräumarbeiten
von den späteren Einsammlern nie gefunden worden.

VEB Horch & Guck

Spott über die Staatssicherheit – im allgemeinen Sprach-
gebrauch »die Firma« genannt – gehörte in der späten
DDR zum Alltag. Das Ministerium hieß da *VEB Horch &
Guck.* VEB war das allbekannte Kürzel für Volkseigener
Betrieb. Nicht belegt ist eine Vermutung, die von Radio
Jerewan so formuliert wurde:

> *Stimmt es, dass die Genossen von der Staatssicher-
> heit die Witze sammeln, die über sie erzählt wer-
> den? – Im Prinzip ja! Aber sie sammeln auch Leute,
> die solche Witze erzählen.*

Bodo Müller hat in seinem Buch *Lachen gegen die Ohn-
macht* eigenem Bekunden zufolge vierzigtausend Akten
durchforscht, aber nicht einmal ein halbes Dutzend Fälle dokumentiert, in denen Leute ausschließlich wegen

»Der Klassenfeind schläft nicht.«
Bezirksverwaltung für Staatssicherheit Leipzig, November 1989

Verbreitung politischer Witze vor Gericht kamen. Die Verfahren stammen aus den Fünfziger- und Sechzigerjahren und liefen in eher ländlichen Gebieten. Die Richter folgten, wie den Urteilsbegründungen zu entnehmen ist, nachstalinistischen Anweisungen aus dem Parteiapparat. Aber das weist kein flächendeckendes Vorgehen aus. Das Delikt galt allenfalls in politisch geprägten Strafverfahren als zusätzlich belastend

Talentprobe

An den mündlich überlieferten Ostwitzen über die Staatssicherheit fällt auf, dass weniger die Gefahr thematisiert wurde, die von diesem Apparat ausging, als vielmehr die vermeintliche Beschränktheit der Akteure. Mielke und seine Mitarbeiter werden nicht für voll genommen und gern ausgetrickst.

Mielke als Gastredner auf dem Schriftstellerkongress: »Wir im Ministerium für Staatssicherheit verfolgen aufmerksam die Literatur in unserer Republik.«

In der Schule werden die Kinder gefragt: »Wer hat das Kommunistische Manifest geschrieben?«
Keiner weiß es, trotzdem meldet sich einer: »Mein Vater ist bei der Staatssicherheit, der wird das schon rauskriegen.«

Ein Mann bewirbt sich um eine Lehrstelle für den Beruf des Aufklärers. »Wir nehmen nicht jeden«, bescheidet ihm Mielke, »vorher machen wir eine Talentprobe.«
Der Kandidat wird in den Palast der Republik geschickt, wo die Volkskammer tagt. »Einer der Ab-

geordneten ist ein Agent. Den musst du heraus-
finden.«

Der Bewerber setzt sich an den Monitor, noch steht
die Pause gar nicht an, schon meldet er in die Nor-
mannenstraße: »Der Gesuchte sitzt dritte Reihe
rechts, ganz außen.«

»Fantastisch«, staunt Mielke. »Wie hast du das so
schnell erkannt?«

»Ich habe mich an einem Lehrsatz Lenins orientiert:
Der Klassenfeind schläft nicht.«

Licht aus

Tückisch verlief es für einen Erzähler politischer Witze
eher, wenn er an den Falschen geriet und beim Parteisekretär oder Kaderleiter denunziert wurde. Das konnte
Karrieren blockieren, Privilegien wie die Delegierung
zum Studium kosten oder Parteiverfahren auslösen. Der
Kaderakte, die meist mitwanderte, wenn jemand den
Arbeitsplatz wechselte, tat es jedenfalls nicht gut. Ver-
dächtigungen, Misstrauen und üble Nachrede bewirkten
ein Übriges. Menschliche Beziehungen wurden belastet
oder gar zerstört.

Ich erlaube mir, an dieser Stelle einen Fall aus persön-
licher Erfahrung als Beispiel zu schildern, geschehen
im November 78, und es betraf meinen Sohn David und
dessen Schulfreund Stefan M.

Zu dieser Zeit erreichte die Ausreisewelle einen Höhe-
punkt. Der Ostwitz bediente sich einer Umkehrung der
biblischen Schöpfungsgeschichte:

Was geschieht am 1. Januar? – Der Konsum macht
zu.

Was geschieht am 2. Januar? – Die HO macht zu.

Was geschieht am 3. Januar? – Delikat macht zu.

Was geschieht am 4. Januar? – Exquisit macht zu.
Was geschieht am 5. Januar? – Intershop macht zu.
Was geschieht am 6. Januar? – Die Grenze wird auf-
gemacht.
Und am 7. Januar? – Der Letzte macht das Licht aus.

Die beiden Sechzehnjährigen hatten das im Fußball-stadion aufgeschnappt. Dann kam die nächste Staats-bürgerkundestunde. Die Lehrerin verteilte Broschüren, worin die Beschlüsse des jüngsten Parteitags erläutert wurden. Punkt fünf verwies auf die lichte Zukunft des Kommunismus. Die beiden schrieben dort als Schluss-satz hinein: »Der Letzte macht das Licht aus«. Auf dem Deckblatt fügten sie hinzu: »Geheime Mitteilung auf Sei-te 40«. So wanderte das frisch gedruckte Lehrmaterial durch die Parallelklassen, wodurch auch andere Schüler in ihrer Staatsbürgerkundestunde das lesen und eine ge-wisse diebische Freude daran finden konnten.
Ein Schülerstreich.
Als das ruchbar wurde, wollte der amtierende Schulleiter das gern unter den Teppich kehren. Aber die Lehrerin für Staatsbürgerkunde bestand auf Bestrafung der Täter. Sie hatte einen sehr persönlichen Grund: Sie war verfeindet mit ihrer Vorgängerin, die inzwischen Parteikarriere ge-macht hatte. Der beteiligte Stefan M. war deren Sohn. Das bot ihr die Chance für einen Racheakt. Der Mutter ein sol-ches Erziehungsprodukt öffentlich vorzuhalten, gab der Denunziantin Genugtuung.
Die Frevler erhielten strenges Kontaktverbot. Wegen Verunglimpfung der Partei- und Staatspolitik. Raus aus der Erweiterten Oberschule, kein Zutritt mehr zur Disco und zum Sportplatz, zurück in die Herkunftsschule, wo es kein Abitur, nur die Mittlere Reife zu erwerben gab. Mit Mühe bestanden sie den Kampf um eine der wenigen für diesen Jahrgang noch offenen Lehrstellen. Von beiden

ist zu sagen, dass sie sich beruflich dennoch durch-
gesetzt haben und mit gutem Fundament in die unsiche-
ren Zeiten nach der Wende wechselten. Der eine in die
Fernsehbranche, der andere in den Zeitungsbetrieb. Das
Vergnügen am politischen Witz ist ihnen nicht abhandengekommen, wenngleich das Angebot seither schmaler
geworden ist.

MILIEUGEWÄCHSE

»Jeder Witz ist eine kleine Revolution.«

George Orwell

Zerrspiegel

Der Satiriker Ernst Röhl pflegte zu sagen: »Da denkt man immer, so was gibt's gar nicht, und da gibt's das dann doch.« Gute Witze bieten für solche Fälle Denkhilfe – im Zerrspiegel. Sie zeigen ein treffendes, wenngleich nicht objektives Bild von den Wirklichkeiten, auf die sie sich beziehen. Sie bedienen sich extrem zusammengesuchter Details, um auf den Punkt zu kommen. Sie spielen mit vorgefertigten Gefühlen und Gedanken und zupfen sich die Fakten passend zurecht. So verwandeln sie Frust in Vergnügen. Deshalb lechzen wir in bedrängten Lebenslagen so sehr nach ihnen.

Meiner Freundin Annette L. entschlüpfte, als sie schon zwanzig war, bei einem guten politischen Witz manchmal der Satz: »Ich könnte mich beölen vor Lachen.« Beölen – ein Wort aus ihrer Kindersprache. Leicht zu erraten, was kleine Mädchen damit meinen.

Mir selbst blieb aus Kindertagen eine direktere Formulierung in Erinnerung: »Wir haben uns in die Hosen gemacht vor Lachen.«

Als Heranwachsender lernte ich, wie sich das Lachen über Witze mit der eigenen Alters-, Gefühls- und Lebenslage ändert. Sie befreien von psychischem Druck – der Eltern, der Schule, der Ideologen, der Firmenchefs. Von Bevormundung aller Art. Es bereitet diebische Freude, Autoritäten in ihre Widersprüche verwickelt zu sehen oder gar beim Lügen zu erwischen.

Daraus Komik zu filtern, macht manchmal auch Schadenfreude, bekanntlich eine der besten Freuden. Da darf sogar ein bisschen Häme mitschwingen. Es stärkt ganz allgemein das Selbstgefühl, wenn andere die Doofen sind. Das sei an dieser Stelle durchaus einmal zugegeben.

Geschmacksfrage

Unstrittig ist: Gute Witze sind Milieugewächse. Die meisten Ostwitze, von denen hier die Rede ist, waren ihrer Natur nach originär. Das reichte vom Hoppe-hoppe-Reiter-Milieu bis zur Lust am Sarkasmus. Urformen, Rohlinge bildeten sich oft in einem Umfeld, in dem phantasiebegabten Mitmenschen gern Sprüche entgegengehalten wurden wie: »Spinne hier keine Opern!» »Erzähle mir keine Romane!« Oder eben auch: »Mach keine blöden Witze!« Weitererzählt schliffen sich ihre Kanten ab, bis der Kern deutlich und zungengerecht hervortrat.

Viele Ostwitze hatten ihren Ursprung im intellektuellen Milieu. Zu den besonders geeigneten Instrumentarien gehörte der dialektische Dreisatz, den einst der Philosoph Georg Wilhelm Friedrich Hegel aus dem menschlichen Denken herausfilterte: These – Antithese – Synthese.
Ein Beispiel:

> *Ein internationales Ethnologenteam hat die spezifischen Eigenschaften des Staatsvolks der DDR untersucht und drei Eigenschaften ermittelt: Ehrlichkeit, Intelligenz und Liebe zu Erich Honecker. (= These)*
>
> *Aber alle drei Eigenschaften treten niemals gemeinsam auf. (= Antithese)*
>
> *Entweder, sie sind ehrlich und lieben Erich Honecker, dann sind sie nicht intelligent. Oder sie sind*

intelligent und lieben Erich Honecker, dann sind sie nicht ehrlich. Oder sie sind ehrlich und intelligent, dann lieben sie nicht Erich Honecker. (= Synthese)

Dazu gesellte sich die Kategorie der Wanderwitze, solche, die schon zu anderen Zeiten und in anderen Gesellschaftsbereichen ihren Fußabdruck hinterlassen hatten. Einmal in die Welt gesetzt, erweist sich ein gut strukturierter Witz oft als wiederverwendungsfähig. Wie dieser:

»Kennst du den schon?

Honecker nimmt sich einen Strick und geht in den Wald.«

»Und wie geht's weiter?«

»Weiß ich nicht. Fängt aber gut an.«

Leicht erkennbar ist hier der multiple Gebrauchswert. Das kann beliebig auf jeden anderen Politiker übertragen werden.

Oder auf den autoritären Chef.

Oder auf den ungerechten Lehrer.

Oder auf den nervenden Nachbarn.

Auf missliebige Personen jeder Art. Zu anderen Zeiten traf es den Kaiser oder Adolf Hitler.

Urinprobe

Guten Marschschritt nahmen Wanderwitze auf, denen der Milieuwechsel gelang. Dafür steht ein Fundstück aus der österreichischen Kaiserzeit. Die ursprüngliche Version:

Graf Koks kehrt vom winterlichen Ausritt zurück. Jemand hat in den Schnee gepinkelt: »Willkommen, Herr Graf.«

»Wer war das, Johann?«

»Ich, Herr Graf.«

»Nanu? Ich dachte er kann gar nicht schreiben?«

»Mit Verlaub, Herr Graf, Frau Gräfin haben ja geführt.«

Das Recycling als Ostwitz:

Mielke und Honecker kommen vom winterlichen Jagdausflug in der Schorfheide nach Wandlitz zurück. Jemand hat in den Schnee gepinkelt: »Honi ist doof.«

»Wer war das?«

»Ich kriege alles raus«, versichert Mielke, fotografiert und nimmt eine Probe mit. Am nächsten Tag erscheint er mit dem Ergebnis: »Kleiner Scherz unter Vertrauten: Der Urin stammt von Egon, die Handschrift von Margot.«

Fettnäpfchen

Erfahrene Sammler wissen ganz allgemein: Man vertraut seinen Witzvorrat nicht jedermann an. Was an dem einen Ort ein befreiendes Lachen auslöst, kann anderswo beleidigend wirken – der berühmte Tritt ins Fettnäpfchen! Schlechte, giftige und herabwürdigende Witze erzeugen eher eine kontraproduktive Stimmung.

Die aktuelle Handhabung mancher Ostwitze bietet ein Muster dafür. Wie der folgende, worin der sächsische Dialekt als Kennung des tumben Ossis herhalten muss:

Zwei Polizisten an der Zufahrt zur Leipziger Messe halten einen englischen Aussteller an. »Baul, bass off, där hats Lengrad of dor falschn Seide.«

»What do you want of me?«, fragt der Brite.

»Baul, der Mann redet wirr. Schreib's Gennzeichen off.«

Paul notiert GB und winkt ab: »Den gönn mor durchlassen, där is von dor Griminalbolizei.«

Wenn das ein Sachse zum Besten gibt, ist es Selbstironie vom Feinsten. Wenn damit der Ossi pauschalisiert wird, noch dazu in miserablem Tonfall, disqualifiziert das den Erzähler.

Gesinnungsprüfung

In jedem Falle aber gilt: Geselligkeit ist der beste Humus für das Gedeihen von gutem Witz. Im Osten haben wir das zu schätzen gewusst. Am Stammtisch kursierte zum Beispiel eine Fangfrage:

Staatsbesuch in Ostberlin. »Haste schon gehört, der sowjetische Staats- und Parteichef Breschnew hat ein Extraprogramm für Westberlin angefragt? Der Regierende Bürgermeister Willy Brandt stellt drei Bedingungen. Erstens: Die Grenze wird aufgemacht. Zweitens: Walter Ulbricht tritt zurück. Drittens: In Ostberlin werden siebzehn Kneipen geschlossen.«

Die Runde stutzt: »Warum siebzehn Kneipen?«

»War nur mal 'ne kollektive Gesinnungsprüfung: Um euer Bier bangt ihr. Aber das große Ganze interessiert euch nicht.«

OSSILAND

Was ist unter dem Begriff Emigration zu verstehen? – Der friedliche Übergang vom Sozialismus zum Kapitalismus.

Zone im Wandel

Seit ich entdeckte, wie Witze das Gehirn von den Schlacken des Alltagsfrusts reinigen, Spannungen auflösen und die Stimmung heben, mache ich davon gern Gebrauch. Lernen musste ich aber, dass es sich damit so verhält wie mit der Regel, die einst der Apotheker Friedrich Sertürner setzte, als er die heilende Wirkung des Morphins erkannte: Auf die Dosis kommt es an.

Zu viel ist auch beim Witzeerzählen zu viel und so wird es Zeit für einen Schlusspunkt. Drei kurze Nachträge seien erlaubt.

Zu klären ist noch die Genesis der Wortwahl für dasjenige deutsche Territorium, auf dem der Ostwitz gedieh, und das einundvierzig Jahre lang Deutsche Demokratische Republik hieß. Bevor es im Oktober 90 in den Bestand der Bundesrepublik Deutschland überging.

Die Bezeichnung Sowjetische Besatzungszone galt nur bis zum Oktober 49, also jenem Zeitpunkt, als die Deutsche Demokratische Republik aus der Taufe gehoben wurde – mit der Begründung, es gehe um die Rettung der deutschen Einheit, die wegen der zuvor von den drei Westzonen vollzogenen Gründung der Bundesrepublik in Gefahr geraten sei.

Das Schmähwort Zone aus den Fünfzigerjahren hielt sich dennoch längere Zeit, nicht nur im westlichen Alltagsgebrauch, auch in der Ostberliner Folklore.

Einmal, schon in den Siebzigern, hörte ich es wieder im Ostbahnhof. Auf Gleis eins stand ein leerer Zug, streng bewacht von Bereitschaftspolizisten mit Hunden, bereit für die Fahrt in Richtung Friedrichstraße und von dort aus in den Westen.

Gegenüber, auf Gleis drei, fuhr ein Sonderzug aus Zwickau ein, beflaggt mit den Farben des Fußballklubs Union Berlin, die Abteilfenster weit offen und besetzt mit strahlenden Passagiergesichtern. Siegestrunkene Fans intonierten die Melodie des englischen Hits »Lady in Black« mit abgewandeltem Text: »Dreißig Meter im Quadrat / Minenfeld und Stacheldraht / Jetzt wisst ihr, wo ich wohne / Ich wohne in der Zone.«

Die Bereitschaftspolizisten taten so, als hörten sie das nicht. In ihrer Befehlslage kam ein solches Ereignis nicht vor.

DDR auf Russisch

Im Westen hielt sich das Wort Zone noch lange als Standardbegriff. Das Kürzel DDR blieb politisch suspekt und wurde allenfalls mit höhnischen Anführungszeichen verwendet.

Die Springer-Presse hielt das durch bis August 89.

Der Ostwitz experimentierte unterdessen gern mit den drei Großbuchstaben D D R. Zu den speziellen Interpretationen gehörte ein Wortspiel mit der russischen Sprache, die ja Schulstoff war.

Spottlustige, die davon genug mitbekommen hatten, hantierten mit dawai, einem der gebräuchlichsten Wörter im mündlichen Russisch. Das steht für Aufforderungen wie Mach schon!, Schneller!, Weiter! Dazu das Verb rabotatj. Das bedeutet arbeiten – der Begriff Roboter ist davon abgeleitet.

Am besten vielleicht zu übersetzen mit Dalli, dalli! Für die volle Buchstabenfolge DDR ergab das: *»Dawai Dawai Rabotaj!«* Sinngemäß ins Deutsche übertragen: »Los, arbeiten! Dalli, dalli!«

Interpretationsversuche

Weniger bekannt blieb ein Bezug zum Wintersport. Als den höchst erfolgreichen Rennrodlerinnen der DDR bei einer Weltmeisterschaft in Grenoble unterstellt wurde, sie hätten die Kufen ihrer Schlitten vor dem Start heimlich beheizt, stand DDR manchmal für *Deutscher Dampf-Rodel*. Aber das stammte vermutlich aus der Westpresse und drang im Osten nicht durch.

Als griffiger erwies sich eine Interpretation aus den Achtzigerjahren. Während die Ausreisewelle immer höher schlug, wurden die Zurückbleibenden eingeordnet als *Der Doofe Rest*.

Aber auch das erfuhr noch eine Steigerung. Irgendwer zog vorausschauend den Schlussstrich: *Danke. Das. Reicht.*

Neues Sprachgut

Die Wende zeugte neues Sprachgut, diesmal im Westen. Bundesdeutsche Siegermentalität rang mit Begriffen wie Beitrittsgebiet und Neufünfland. Auch ein Sprachgebilde mit Adjektiv wurde uns übergestülpt: *ehemalige* DDR.

Solch sprachlicher Unfug, würde man ihn auf andere untergegangene Staatsgebilde übertragen, zwänge die Historiker, auch von einem ehemaligen Römischen Reich oder einem ehemaligen Deutschen Kaiserreich zu sprechen.

Altbundesbürger hingegen, die meinten, dass wir ihnen nur auf der Tasche lägen, aktivierten wieder den Begriff Zone und formten daraus *Zoniland*.

Ich schlage vor, wir einigen uns bis auf Weiteres auf einen besser passenden Sammelbegriff für das ehemalige Verbreitungsgebiet des ehemaligen Ostwitzes. Einen, der – wie ich von Hamburger Kollegen lernte – eigentlich für die Ostfriesen reserviert gewesen war, der aber besser den aktuellen deutsch-deutschen Wahrnehmungszustand wiedergibt, nämlich: *Ossiland*.

Abgang

Mit der DDR verschwand auch der Ostwitz – fast. Ein paar Nachläufer blitzten noch auf. Aber der große Schwung war raus, weil plötzlich die den Stoff liefernden Themen fehlten. Seine letzten Energien verbrauchte der Ostwitz bei der Abarbeitung an einer ganz neu in seinen Lebensbereich vordringenden Spezies, dem Wessi:

Gymnasium. Warum benötigen die Schüler im Osten nur zwölf Jahre bis zum Abitur, die im Westen aber dreizehn? – Weil dort ein Jahr Schauspielunterricht dazugehört.

Kinderklinik. Drei Kinder sind geboren worden, nachts.
Eins von einer Ost-Frau, eins von einer West-Frau und eins von einer Afrikanerin.
Am Morgen kommt der junge Ost-Vater, um das seinige auf den Arm zu nehmen. Aber die Nachtschwester hat vergessen, die Babys zu markieren, und die Schwester vom Morgendienst bietet ihm an, er dürfe sich eins aussuchen.

Der Mann entscheidet sich für das schwarze.
»Aber das kann doch keinesfalls Ihres sein!«
»Meinen Sie, ich riskiere ein West-Baby?«

Restaurant am Brandenburger Tor. »Herr Ober, welchen Wein empfehlen Sie zum Jahrestag der Deutschen Einheit?«
»Kommt ganz darauf an, mein Herr.«
»Worauf?«
»Wollen Sie feiern oder vergessen?«

Bildnachweis